Franz Stuhlmann

Die wirtschaftliche Entwickelung Deutsch-Ost-Afrikas

Vortrag gehalten in der Abteilung Berlin-Charlottenburg der Deutschen Kolonial-Gesellschaft

Franz Stuhlmann

Die wirtschaftliche Entwickelung Deutsch-Ost-Afrikas
Vortrag gehalten in der Abteilung Berlin-Charlottenburg der Deutschen Kolonial-Gesellschaft

ISBN/EAN: 9783743487956

Hergestellt in Europa, USA, Kanada, Australien, Japan

Cover: Foto ©Suzi / pixelio.de

Franz Stuhlmann

Die wirtschaftliche Entwickelung Deutsch-Ost-Afrikas

Deutsche Kolonial-Gesellschaft
Abteilung: Berlin-Charlottenburg.
Verhandlungen 1897/98.
Heft 4.

Dr. Stuhlmann,
Regierungsrat und Abteilungschef beim Gouvernement von Ost-Afrika.

Die
Wirtschaftliche Entwickelung Deutsch-Ost-Afrikas
mit 3 Karten und 6 Abbildungen.

Vortrag,
gehalten in der Abteilung Berlin-Charlottenburg der Deutschen Kolonial-Gesellschaft.

Berlin 1898.
Verlag von Dietrich Reimer
(Ernst Vohsen).

Der Vorstand der Abteilung Berlin-Charlottenburg der deutschen Kolonialgesellschaft setzt sich zusammen aus den Herren:
Der I. Vorsitzende: Prinz von Arenberg, M. d. R. u. d. A.-H.
Der stellvertretende Vorsitzende: von Ammon, Geheimer Bergrat, vortragender Rat im Ministerium für Handel und Gewerbe.
Der II. stellvertretende Vorsitzende: Kontre-Admiral z. D. Strauch.
Der Schriftführer: Emil Selberg.
Der stellvertretende Schriftführer: Konsul Wallich.
Der Schatzmeister: Direktor Riecken.
Der stellvertretende Schatzmeister: Arthur Schmidt-Lorenzen.
    Bormann, Geh. Ober-Reg.-Rat z. D.
    Fritz Friedländer.
    Dr. Goering, Kaiserl. Ministerresident z. D.
    Dr. Hammacher, M. d. R. u. d. A.-H.
    Dr. Herzog, Staatssekretär a. D., Excellenz.
    Imberg, Rechtsanwalt.
    G. Kollm, Ingenieur-Hauptmann a. D.
    Kraetke, Geh. Ober-Postrat, vortragender Rat im Reichspostamt.
    Jul. Pintsch, Kommerzienrat.
    W. Staudt.
    Dr. Schön, Hilfsarbeiter im Kaiserl. Gesundheitsamt.
    Stücklen, Fabrikbesitzer.
    Ernst Vohsen, Konsul a. D.
    Volkens, Professor.

Zur Erwerbung der Mitgliedschaft der Abteilung Berlin-Charlottenburg der Deutschen Kolonial-Gesellschaft, wolle man sich an den Schriftführer Herrn Emil Selberg, Berlin S., Alexandrinenstrasse 68/69 wenden, der das Weitere veranlasst.

Der Jahresbeitrag beträgt minimal M. 9.—.

Sämmtliche Mitglieder erhalten die 52 mal im Jahre erscheinende Deutsche Kolonialzeitung und haben das Recht zur Teilnahme an allen Vorträgen und Veranstaltungen der Abteilung.

Verhandlungen der deutschen Kolonialgesellschaft
Abteilung Berlin-Charlottenburg.

Das Jahresabonnement der Verhandlungen beträgt für Mitglieder der Abteilung Berlin-Charlottenburg der deutschen Kolonialgesellschaft M. 3.—, für Nichtmitglieder M. 6.—. Die Zahlung des Abonnementsbeitrags hat direkt an die Verlagshandlung zu erfolgen. Es erscheinen durchschnittlich sechs Hefte, die einen Jahrgang bilden.

NB. Das Inhaltsverzeichnis für den Jahrgang 1896/97 ist jetzt erschienen und wird diesem Hefte beigegeben. Die Verlagshandlung übernimmt den Einband bei Franko-Rücksendung der Hefte des Jahrgangs für M. 1.—.

Die

Wirtschaftliche Entwickelung Deutsch-Ost-Afrikas

mit 3 Karten und 6 Abbildungen.

Vortrag

von

Dr. Stuhlmann,

Regierungsrat und Abteilungschef beim Gouvernement in Ost-Afrika.

Die Versammlung fand statt am **Mittwoch, den
23. März 1898** im grossen Saale des **Hotel Kaiserhof.**

In Vertretung des Vorsitzenden Sr. Durchlaucht des
Prinzen von Arenberg eröffnete der stellvertretende Vorsitzende Herr Kontre-Admiral z. D. *Strauch* die Versammlung.
Sodann verlas der Schriftführer Herr *Selberg* die Namen der
neueingetretenen Mitglieder, wie folgt:

O. Arndt, Fabrikbesitzer. — *von Bernuth*, Oberstlieut. — *von Elpons*, Frau Generalin. — *Jung*, Hauptm. — *Fehr*, Prem.-Lieut. — *Joh. Mühlenbruch*, Geschichtsmaler. — *Fr. Siebeneicher*. Kgl. Baurat. — *Gotth. Illner*, Gerichtsaktuar. — *Carl Gutsche*, Beamt. d. Kgl. Bot. Gartens. — *Oehmke*, Kgl. Baurat. — *Joh. von Winterfeldt*, Frau verw. Oberstlieut. — *von Hünerbein*, Rittmeister a. D. — *Alex. Müller*, Direktor. — *von Frankenberg-Proschlitz*, Excell. — *Carl Securius*, Bankier. — *E. Schmidt-Dargitz*, Wirkl. Leg.-Rat. — *P. Sprigade*, Kartograph. — *Max Moisel*, Kartograph. — *Fischel*, Kap. z. See. — *von Kettler*, Generallieut. Excell. — *Th. Harms*, Korv.-Kap. — Dr. *P. Boenisch*. — Dr. phil. *Felix Lampe*. — *Franz Kilian*, Rentier. — *Otto Kutscha*, Geh. Registrat. im Ausw. A. — *von Kropff*, Prem.-Lieut. — *Carl Manasse*, Kaufm. — *Hoppe*, Prem.-Lieut. — *Habenicht*, Unterlieut. z. See. — Dr. jur. et phil. *Köbner*, Gerichtsassessor. — Dr. *Tobold*, Stabsarzt. — *Rechtern*, Geh. Admiral.-Rat. — Dr. phil. *Kükelhaus*. — *von Heynitz*, Prem.-Lieut. — *Julius Bon*, Rentier. — *Neumann*, Sek.-Lieut. — *E. Knoll*, Diätar i. Ausw. A. — *Plaas*, Kgl. Forstassessor. — *Hermann Nobis*, Rentier. — *von Reibnitz*, Freih., Oberst a. D. — *Werner*, Oberst a. D. — *Robert Fickert*, Verlagsbuchh. — Dr. *Thieme*, Direktor. — *Widenmann*, Stabsarzt. — *Arthur Vogel*, Hofrat. — *von Brandt*, Sek.-Lieut. — *W. Manitz*, Kaufmann. — *Glauning*, Prem.-Lieut. — *Joest vom Rath*, Frau Rentiere. — *Oskar Pintsch*, Fabrikbesitzer. — *George Kolb*, Arzt. — *Fritz Thulke*, stud. phil. — *Paul l'Orange*, Kaufmann. — *von Eberstein*, Freih., Hauptm. a. D. — Dr. *Heck*, Direktor.

Hierauf erhielt Herr Regierungsrat Dr. *Stuhlmann* zu
seinem Vortrage Die wirtschaftliche Entwickelung
Deutsch-Ost-Afrikas das Wort:

Meine Damen und Herren!

Wenn wir uns in der Geschichte von Aequatorial-Ost-Afrika umsehen, so gehen die, wenn auch zunächst nur
sagenhaften Berichte bis ins graue Altertum zurück. Es sind
in der ältesten Zeit die nördlicheren Gebiete, wahrscheinlich
der Golf von Aden und das Somaliland, aus denen die alten
Aegypter Weihrauch, Myrrhen, Straussenfedern u. s. w. beziehen, und auf den berühmten Reliefs von Dar-el-bahr wird

uns die grosse Handelsexpedition der Königin Hatschepsu in diese Gegenden anschaulich geschildert. Die Handelsbeziehungen der Länder um das rote Meer, Arabiens und des persischen Golfes zu Ostafrika sind offenbar uralt. Unzweifelhaft drangen friedliche Händler allmählich nach Süden vor, besonders gelockt durch den Goldreichtum Südafrikas. In diesem wahrscheinlich hinter dem heutigen Sofala gelegenen Gebiete, in dem wir wohl das alte Ophir zu suchen haben, fand schon in ganz vorhistorischer Zeit eine Ausbeutung des gelben Metalles statt, wie die grossen Ruinen von Simbabye beweisen, die von dem Deutschen Mauch wieder aufgefunden, nach den Untersuchungen Bent's mit grosser Wahrscheinkeit vorislamischen Semiten zuzuschreiben sind. Ob dies nun Phönizier, Babylonier oder Leute aus Süd-Arabien waren, lässt sich nicht bestimmt nachweisen. Jedenfalls wissen wir, dass schon um das Jahr 1000 v. Chr. Salomon Hiram, und die Königin von Saba ihre Flotten dorthin sandten, um Gold und anderes zu holen. Die sogenannten Himjariten, denen Saba angehörte, hatten jedenfalls rege Beziehungen zu Ostafrika. Ob sie dauernde Niederlassungen gründeten, wissen wir nicht. Die Kunde von dem Lande scheint allmählich verloren gegangen zu sein, wenigstens gelangte man nicht mehr dorthin, denn zur Zeit der griechischen Ptolomäer, wo der „Periplus", die berühmte Segelanweisung für das rote Meer, etwa im Jahre 80 v. Chr. geschrieben ist, erfahren wir, dass Rhapta der südlichste bekannte Punkt ist. Vielleicht lag es in der Gegend der Mündung vom Rufiyi. Wahrscheinlich waren aber auch damals noch verschiedene Punkte Stapelplätze für den Goldhandel, wie Opone (das heutige Ras Hafun) und andere. Die griechische Kolonie auf Sokotra und die römische Kolonie in Aden scheinen keine grosse Rolle gespielt zu haben. Sie wurden jedenfalls bei dem allgemeinen Rückgang des römischen Weltreiches aufgegeben.

Schon vor der Einführung des Islam sind also die Handelsbeziehungen Süd-Arabiens zu Ostafrika rege. Die Himjariten von Südwest-Arabien und die Axumiten in den Vorländern Abessiniens, die zusammen ein mächtiges Reich bildeten, haben auf Handelszügen die südlichen Länder besucht, haben aber keine dauernden Kolonieen angelegt. Dazu musste erst als neues Element der Islam in diese Länder kommen, der etwa im Jahre 86 der Hedschra (704 n. Chr.) durch Hamya-Bin-Abdul-Melek nach Süd-Arabien gebracht wurde. Infolge von Religionsstreitigkeiten wanderten um das Jahr 739 n. Chr. die Emo-Saiden (Anhänger des Said, Sohnes des Ali-Bin-Hussen-bin-Ali, Vetters Mohammeds) aus und besiedelten die Küste des Somali-Landes.[1]

Auch ausgedehnter Sklavenhandel bestand schon damals, denn 870 n. Chr. wird uns von grossen Negerscharen von Sansibarsklaven erzählt, die das Chalifat Bagdad beunruhigen.

Vorher schon trat in Süd-Arabien eine grosse Umwälzung ein. Die Himjariten, des axumitischen Joches müde, riefen die Perser zur Hülfe, und am Dorfe Schech Othman bei Aden fand zwischen Persern und Abessiniern eine grosse Schlacht statt, (Anf. d. 6. Jahr.) durch die nach Besiegung des Negus Marsuk die Perser Herren des Landes wurden und nun auch im Handel mit Ost-Afrika eine grosse Rolle spielten. Um 908 hören wir, dass die persische Familie der Mdoffer in Mugdischu herrschte, welche Stadt durch Araber aus El-Chasa am persischen Golf gegründet war. Persische Ansiedler haben durch Jahrhunderte viele Küstenorte bis herunter nach Angoxe besetzt, ja sich sogar bis Sofala vorgeschoben, und heute noch kann Einem jeder Dorfschulze an der ostafrikanischen Küste sagen, ob er von Schirasi d. h. Persern abstammt, auch wenn er durch jahrhundertelange Blutsmischung ganz schwarz geworden ist.

Zwei Dokumente besitzen wir, die über die persische Besiedelung Auskunft geben. Eine Chronik der Insel Kilwa,

---

[1] Diese Wanderung hat offenbar langsam stattgefunden. Emo-Saiden fanden in Kilwa schon Leute angesiedelt, die sie Almulli nannten, angeblich Heiden mit arabisch klingenden Namen, also vielleicht Sabäer oder Himjariten.

die von den Portugiesen gefunden ist, und eine arabische Chronik, die Sir John Kirk von dem Sultan von Sansibar zum Geschenk erhielt. Beide stimmen darin überein, dass Kilwa Kisiwani etwa im Jahre 975 n. Chr. durch Auswanderer aus Schiras gegründet wurde. Kilwa erlangte allmählich das Monopol des Goldhandels mit dem Süden und bekam das Uebergewicht über alle Orte von Melindi bis Sofala.

Es würde mich zu weit führen, hier näher auf die geschichtlichen Wechselfälle einzugehen. Ich möchte nur feststellen, dass uns die Kilwa-Chronik bis 1507 46 Herrscher aufzählt, und dass arabische Geographen von der Schönheit und Macht der Stadt schwärmen.

Aus allem geht hervor, dass die wirtschaftliche Bedeutung des Landes im Goldhandel lag, dass dort Stationen für den Zwischenhandel mit Sofala waren, und dass Sklaven, Elfenbein, Straussenfedern und anderes nur nebenbei in Frage kamen.

Wenn wir die arabischen und alten portugiesischen Berichte studieren, so gelangen wir zu der Ueberzeugung, dass der Kulturzustand der Ost-Afrikaner um das Jahr 1500 genau derselbe war wie heute; man wohnte in Lehmhütten aus Stangenwerk mit Palmblattdächern, kleidete sich in lange weisse Gewänder, fuhr in den noch heute gangbaren Tepe-Fahrzeugen mit Mattensegeln, baute Reis, Sorghum, Orangen, Kokospalmen u. s. w., aber natürlich noch nicht die aus Amerika stammenden Wurzeln (Manyok), Ananas u. s. w.

Ein neues Zeitalter beginnt durch das Auftreten der Europäer. Am 1. März 1498 erreichte Vasco da Gama Mossambik und segelte über Mombassa und Melindi nach Kalikut. Am 26. Juli 1500 gelangte Pedro Alvarez Cabral als erster Europäer nach Kilwa. Auf Vasco da Gamas zweiter Reise, 12. Juli 1502, kam es in Kilwa zwar zu einem Vertrage, trotzdem aber war der Vize-König von Indien Francisco d'Almeida gezwungen, am 23. Juli 1505 Kilwa mit Sturm einzunehmen und das Fort St. Jago zu erbauen, dessen

Grundmauern wir heute noch sehen. Es ist interessant, dass an dieser Erstürmung zwei deutsche Kaufleute Sebastian Meyer und Balthasar Sprenger, teilnahmen und uns in einer Chronik darüber berichteten. Wie überall in ihren ostindischen Stationen legten die Portugiesen auch in Kilwa und anderen ostafrikanischen Orten Handelskontore an, aber ihre Monopolsucht schadete dem Handel zuerst sehr, bis man zu einer freien Konkurrenz Erlaubnis gab. Schon im Jahre 1512 wurde das Fort in Kilwa wieder aufgegeben, und die Portugiesen beschränkten sich besonders auf Mossambik, Melindi, Sofala und später Mombassa. Bei der grossen Ausdehnung der portugiesischen Unternehmungen im Osten dienten die ostafrikanischen Stationen hauptsächich als Verproviantirungsposten auf dem Seeweg nach Ostindien. Handel mit Gold, Sklaven, Elfenbein u. a. kam nur nebenbei in Frage.

In der ersten Hälfte des 17. Jahrhunderts begann der Niedergang der portugiesischen Herrschaft, die Städte in Oman wurden an die Yarebiten verloren, und im Jahre 1698 eroberte der Sultan von Oman, Sultan-bin-Sef, Mombassa, worauf alle Portugiesen nördlich des Cap Delgado vertrieben wurden. Damit begann der Einfluss der Araber aus Oman bezw. Maskat, der ja bekanntlich bis heute dauert. Im Jahre 1728 gelang es den Portugiesen noch einmal, sich in Mombassa festzusetzen, sie mussten aber bald weichen.[1])

Die Herrschaft des Imam von Maskat war zunächst nur nominell, erst nachdem 1744 die Familie der Abu Said an Stelle der Yarebiten getreten und innere Unruhen überwunden waren, erkannte 1786 die ganze Küste von Ost-Afrika die Herrschaft des Imam an, die sich besonders unter dem 1806 zur Regierung gelangten Seyid Said befestigte. Der Handel blühte auf, und ein grosser Fortschritt bedeutet die im Jahre 1818 auf Sansibar eingeführte Kultur der Gewürz-

---

[1]) 1733 fand eine Periode von Flibustier-Seeräubern ihren Abschluss durch ein Gefecht bei St. Marie in Madagascar.

uelke, die so viel Erfolg hatte, dass man 1839 schon 9000 Frasilah (à 35 lbs.) ausführte. Ueberall liess Seyid Said Festungen bauen, die zum Teil noch heute stehen. Die Herrschaft der Maskat-Araber war fest begründet, als 1840 Seyid Said seinen Wohnsitz nach Sansibar verlegte. Uralt sind die Handelsbeziehungen der Indier mit Ostafrika, von denen schon die alten arabischen Schriftsteller berichten. Die Beziehungen der Europäer zu Ost-Afrika belebten sich von Neuem zur Zeit der napoleonischen Kriege, besonders von den französischen Besitzungen in Mauritius und Bourbon aus. Schon 1785 wollten die Franzosen Kilwa besetzen und schlossen dort Verträge, führten aber ihre Absicht nicht aus. Am Ende des 18. und Anfang des 19. Jahrhunderts suchten sie von Kilwa Sklaven für ihre Kolonien in Mauritius und Bourbon zu bekommen, sie kaperten auch viele englische Schiffe während der Kriege und verkauften sie in Sansibar an die Araber, die sie unter arabischer Flagge wieder an die Engländer zurückverkauften. Interessant ist, dass Sansibar damals auch ein sehr wichtiger Platz für den Handel mit Mokka-Kaffee war. Allmählich bekamen aber die Engländer die Oberhand. Schon Ende des 18. Jahrhunderts befanden sich brittische Offiziere zu Vermessungen in Sansibar und Kaufleute folgten bald. Zuerst, etwa 1833, beschäftigten Amerikaner sich mit dem Walfischfang und berührten dabei vielfach Ost-Afrika. 1835 schloss Sansibar einen Handelsvertrag mit Amerika, 1839 mit England; Frankreich, Deutschland u. s. w. folgten. Bald richteten die Mächte dort auch Konsulate ein, die Amerikaner zuerst für Maskat, Süd-Arabien und Sansibar zusammen, dann 1841 England, 1844 Frankreich, während das deutsche, oder vielmehr hanseatische Konsulat 1858 errichtet wurde. Von 1844 an beginnt die Zeit der Missionare und Reisenden mit der Ankunft unseres berühmten Landsmannes Krapf.

Im Jahre 1847 schon ward durch die Bemühungen der Engländer der Sklavenhandel nördlich von Brawa, und 1875 an der ganzen Küste verboten. Missionare und Forschungsreisende verbreiteten Kultur im Lande und trugen zur Kenntnis desselben bei. Aber in wirtschaftlicher Beziehung traten die Kaufleute in den Vordergrund, deren Thätigkeit sich zunächst auf den Import- und Exporthandel beschränkte. Nachdem anfangs nur vorübergehend Handelsschiffe Sansibar berührt hatten,[1]) gründete man später feste Niederlassungen. Zuerst waren es Amerikaner und Engländer, aber die Deutschen liessen nicht lange auf sich warten. Nachdem eine Reihe von Jahren die Firma A. J. Hertz Söhne dort (zuerst 1844) besonders Kauri-Schnecken exportiert hatte, liessen schon im Jahre 1849 O'Swald & Co. und Anfang der 50er Jahre Hansing & Co. sich nieder, denen später noch Heinrich Adolph Meyer (Anfang der 70er Jahre) und Hintzmann (1881) folgten. Man importierte Stoffe, Perlen, Eisenwaren u. s. w. und exportierte Elfenbein, Häute, Kopal, Nelken, Orseille, Schildpatt, Oelfrüchte, Kopra u. a. m. Niederlassungen an der Küste fehlten, ebensowenig unternahm man Expeditionen oder Pflanzungen, dagegen drangen die Araber seit Jahren auf ihren Reisen immer weiter ins Innere vor, um Elfenbein und Sklaven zu gewinnen. Der ganze Kleinhandel aber, mit Ausnahme des von Süd-Arabern ausgeübten Handels mit Salz und trockenen Fischen, lag in den Händen der Indier, die seit den ältesten Zeiten eine grosse Anzahl von Waren direkt aus Indien bezogen, und deren engen Beziehungen zu Bombay man das indische Münzsystem verdankt.[2]) Durch ihre grosse Anzahl, ihre Anspruchslosigkeit

---

[1]) 1845 ankerte das erste deutsche Segelschiff, die „Picciola" in Mombassa, und im selben Jahre sandten O'Swald & Co. den ersten Segler „Albrecht Otto" von Hamburg ab.

[2]) Früher war der Maria-Theresien-Thaler die allgemeine Münze in Ost-Afrika. Während des amerikanischen Bürgerkrieges wurde dieser durch amerikanische Golddollar ersetzt, aus denen die Indier noch jetzt ihre goldenen Knöpfe machen. Erst später kam die Rupie als Zahlmittel auf, die früher nur als Scheidemünze gedient hatte. Jetzt befinden wir uns wieder in einem Uebergangsstadium dadurch, dass

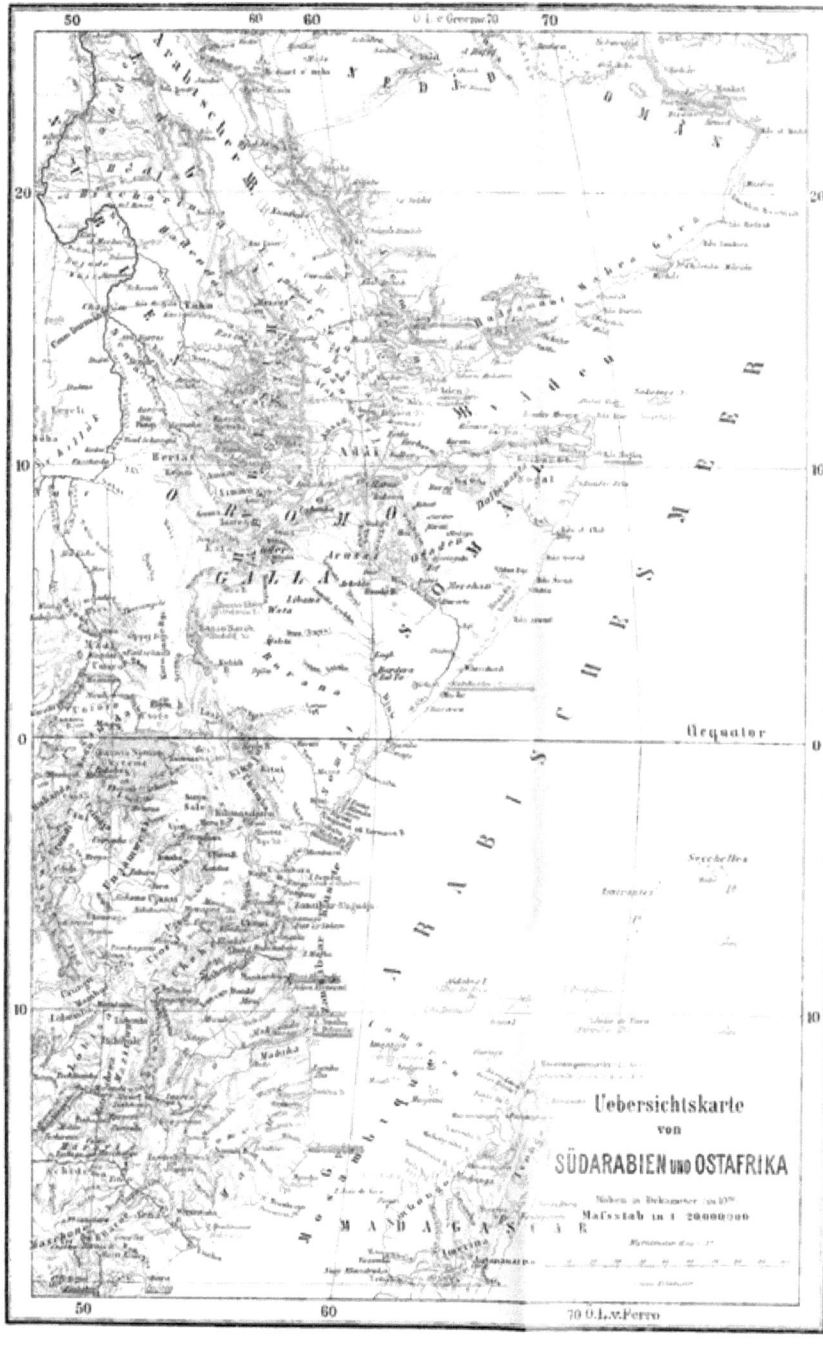

und Geschicklichkeit, durch ihre verhältnismässige Kapitalkraft und den Bezug der billigen Stoffe aus Indien kam es, dass Ostafrika wirtschaftlich und besonders im Geldmarkt abhängig von Bombay wurde, was es auch jetzt noch ist.

Ein grosser Wendepunkt trat ein, als im Jahre 1884 Dr. Peters Schutzverträge über die vier Bezirke Useguha, Unguu, Ussagara und Ukami abschloss, die zu dem kaiserlichen Schutzbrief über diese Landschaften, der Gründung der Deutsch-ostafrikanischen Gesellschaft, und Ende 1884 zu der Errichtung eines deutschen Berufskonsulates in Sansibar führten.

Es ist genugsam in der Oeffentlichkeit verhandelt worden über die Unternehmungen der deutsch-ostafrikanischen Gesellschaft, ihren Vertrag mit dem Sultan von Sansibar, Seyid Chalid, wonach sie die Zollverwaltung an der Küste im August 1888 übernahm, und über den dann ausbrechenden Aufstand, der fast zur Zerstörung der deutschen Herrschaft geführt hat. 1889 trat die Regierung helfend ein, und Major v. Wissmann warf mit Erfolg den Aufstand überall nieder. Am 1. Juli 1890 schloss

---

seit 1892 die indische Regierung die freie Ausprägung der Rupies verboten und somit erstrebt hat, der Rupie einen festeren Kurs zu geben. Neuerdings scheint man in Indien sogar Goldwährung einführen zu wollen. Ist das erst durchgeführt, werden auch wir damit vorgehen müssen. Aber schon jetzt ist zwischen den von der Deutsch-Ostafrikanischen Gesellschaft ausgeprägten Rupies und den indischen, trotzdem sie dasselbe Silbergewicht haben, insofern ein Unterschied, dass die deutsche nur den jeweiligen Marktwert des Silbers hat, (jetzt etwa 0,95 Mark), während die indische von den indischen Münzen nicht unter 1 sh. 4 p. in den Verkehr gegeben wird durch Verkauf gegen Gold; die indische Rupie ist demgemäss ein leidlich fester Wertgegenstand, während die deutsche ganz schwankt. Wenn trotzdem im Verkehr beide Münzen noch gleichen Wert haben, so kommt das daher, dass die Anzahl der deutschen gegenüber der der indischen ganz verschwindend ist, und dass deshalb der Grosshandel sich damit noch nicht befasst hat. Eine einzige Firma importiert von Indien nach Sansibar im Jahr mehr Silbermünzen, als die Gesamtanzahl der deutschen beträgt. Die deutsch-ost-afrikanische Gesellschaft prägte von 1890 bis Ende 1897 für 1 208 023 Rupies in Silber aus.

das Reich einen Vertrag mit der Deutsch-ostafrikanischen Gesellschaft, und am 1. April 1891 übernahm es die dem Sultan von Sansibar gehörige Küste und die Insel Mafia durch Kauf und wurde so Eigentümer des Landes von dem Umbafluss bis zum Ruvuma. Interessant ist die Thatsache, dass schon 1873 der englische Captain Colomb den Gedanken aussprach, Deutschland möge Sansibar annektieren, um die Sklaverei zu unterdrücken.[1])
Durch das mächtige Eingreifen des Reiches bekamen wir allmählich Ordnung und Frieden in das Land und manches ist dort geleistet worden, worauf wir als Deutsche stolz sein dürfen und um das uns Fremde beneiden.

Ich will aber heute nichts von Kämpfen und Reisen in wilden Ländern erzählen, sondern versuchen, eine Schilderung davon zu geben, was draussen von Seiten des Gouvernements und von Privaten gearbeitet wird. Ich will auch nicht die Entwickelung des Gouvernements seit seiner Errichtung am 1. April 1891 schildern, sondern mich hauptsächlich an die jetzigen Verhältnisse halten. Die kriegerischen Zeiten sind glücklicherweise ziemlich überwunden, und friedliche Kulturarbeit sowie wissenschaftliche Forschung sind in den Vordergrund getreten.

Ich möchte zunächst auf die Organisation des Gouvernements eingehen, wobei ich allerdings nicht umhin kann, für Viele etwas ganz Bekanntes und Selbstverständliches vorzubringen. Es sind aber in der Oeffentlichkeit so viele Bemerkungen über den angeblich bei uns herrschenden Bureaukratismus laut geworden, dass ich die Meinung darüber aufklären möchte. Dass bei einem komplizierten Apparat, von dem Ordnung verlangt werden muss, und der gesetz-

---

[1]) Capt. Colomb, Slave catching in the Indian Ocean, London 1870, pg. 451. — Ebenfalls wird in dem Report of the Select Committee on the Slave trade question, 4. August 1871 (englisches Parlaments-Papier) wegen des „Ueberwiegens des deutschen Handels in Sansibar" die Mitwirkung Deutschlands an der Unterdrückung des Sklavenhandels schon damals empfohlen.

mässig über die ihm vom Reiche gewährten Zuschüsse so abzurechnen hat, wie es von der Ober-Rechnungskammer verlangt wird, ein gewisser Aufwand von Bureau-Arbeit und Tinte nötig ist, dürfte jedem Einsichtigen klar sein. Ich muss aber betonen, dass alle Angelegenheiten so schnell und freimütig wie nur denkbar behandelt werden. Das Gouvernement hat nur den Zweck, alle privaten Unternehmungen auf das möglichste zu unterstützen, und es wäre zu wünschen, dass alle Privatunternehmungen dem Gouvernement auch Vertrauen entgegenbrächten.

Es ist bekannt, dass an der Spitze der Kolonie ein der Kolonial-Abteilung des Auswärtigen Amtes verantwortlicher Gouverneur steht, der die oberste zivile und militärische Gewalt hat. Da er nun unmöglich alle Angelegenheiten selbst erledigen kann, stehen ihm eine Anzahl Referenten zur Verfügung, denen er die einlaufenden Sachen zur Bearbeitung zuweist. Eine Reihe dieser Mitarbeiter hat ausser dieser Thätigkeit aber noch einen eigenen Arbeitsbereich, sodass gewissermassen Ressorts vorhanden sind, die, wenn sie auch nicht eigene Behörden bilden, doch die inneren Angelegenheiten ihrer Abteilung nach allgemeinen Direktiven des Gouverneurs selbständig erledigen. Alle diese zusammen bilden die in Dar-es-Salam befindliche Zentralverwaltung des Gouvernements im Gegensatz zu der Lokalverwaltung d. h. der Verwaltung der Bezirksämter und Binnen-Stationen.

Die Thätigkeit der Centralverwaltung des Gouverneurs ist etwa folgendermassen eingeteilt:

1. Politische Abteilung, die den Verkehr mit ausländischen Behörden, mit den Bezirksämtern, Binnen-Stationen u. s. w. hat.

2. Das Kommando der Schutztruppe, dem alle militärischen Sachen obliegen. Es hat 10 Kompagnien, ein Wachtkommando und die militärischen Angelegenheiten der Polizeitruppe unter sich.

3. Die Finanz-Abteilung, die die Kassen- und Rechnungsangelegenheiten verwaltet, ebenso die Versorgung der Stationen mit Inventarien und das Zollwesen.

4. Die Justiz-Abteilung, eingeteilt in 2 Bezirksgerichte und ein Ober-Gericht als Berufungsinstanz.

5. Die eng an die Schutztruppe angegliederte Medizinalabteilung. Ihr untersteht das grosse Lazaret in Dar-es-Salam, während dasjenige in Tanga direkt vom Gouvernement ressortiert.

6. Die Flotille, der die Unterhaltung der kleinen Dampfer, der Boote, Leuchttürme und Betonnung obliegt. Sie hat eine Reparaturwerkstätte in Dar-es-Salam.

7. Die Bauabteilung, die die meisten grösseren Bauten ausführt und jetzt auch die Vorarbeiten für den Weiterbau der Eisenbahn von Tanga ins Innere leitet.

8. Die Abteilung für Landeskultur und Landesvermessung, mein spezielles Arbeitsfeld, welches Plantagen- und Landfragen, die Leitung einiger Versuchsstationen, die berg- und forstmännische Thätigkeit, die kartographischen und Vermessungsarbeiten, das Schulwesen und manche wissenschaftliche Fragen umfasst.

Die Postverwaltung ist unabhängig vom Gouvernement und hat, wie vorausgeschickt werden mag, eine grosse Anzahl Post-Stationen an der Küste und im Innenlande, eine Telegraphenverbindung von Tanga bis Mikindani, sowie Botengänge zwischen einzelnen Stationen eingerichtet. Die Beförderung der Postsäcke ins Innere wird vom Gouvernement veranlasst.

Die Lokalverwaltung teilt sich in die Bezirks- und Bezirks-Nebenämter und die Binnen-Stationen. Gleich nach Errichtung des Gouvernements wurde an der Küste in Bezirksämtern die unter je einem Bezirksamtmann stehende Zivilverwaltung eingerichtet, und neuerdings sind auch einige der sonst militärisch verwalteten Binnenstationen zu Bezirksämtern umgewandelt. Ihnen liegt der Polizeidienst, das lokale Kassenwesen, die Steuererhebung u. s. w. ob. Ausser der Verwaltung der Stadt haben sie je einen ziemlich grossen

Bezirk, der z. B. in Tanga und Kilwa schon ganz organisiert ist, indem man ihn in einzelne unter Dorfschulzen (Yumben) stehende Unterbezirke eingeteilt hat, sodass der Bezirksamtmann überall hin schriftliche Befehle, Vorladungen u. s. w. senden kann. Jedes Bezirksamt hat ausserdem eine Art von Kommunalkasse, deren Einkünfte für Beleuchtung, Wegebau und andere öffentliche Arbeiten verwandt werden.

Ich kann nicht im Einzelnen die Bezirksämter schildern, muss mich vielmehr mit einer kurzen Aufzählung der Distrikte begnügen, deren Abgrenzung auf der Karte ersichtlich ist. Von Norden nach Süden gehend haben wir an der Küste:

1. Tanga mit dem guten Hafenort gleichen Namens, von dem die Usambara-Eisenbahn ausgeht und der durch die im Usambaragebirge vorhandenen Plantagen von hervorragender Wichtigkeit ist. Das Vorland, Bondei, ist recht fruchtbar, aber ungesund. Die nahe der Küste gelegenen Usambaraberge sind zum Teil mit üppigstem tropischem Urwald bedeckt, wie man ihn sonst nur in den regenreichsten Tropen findet.

2. Pangani, mit den am gleichnamigen Flusse liegenden Zuckerpflanzungen, die durch die demnächstige Errichtung einer Zuckerfabrik wichtig sind.

3. Saadini, (Nebenamt) ziemlich unbedeutend.

4. Bagamoyo, mit dem für den Karawanenhandel wichtigen Platz gleichen Namens, der bei jedem Wind von Sansibar leicht zu erreichen ist.

5. Dar-es-Salam, dem augenblicklich noch der Bezirk Kissaki untersteht.

6. Der grosse Distrikt Kilwa mit der Insel Mafia, wichtig für Kokuskultur, Kautschukhandel und in Zukunft vielleicht durch das Plantagengebiet an der Mündung des Rufiyi.

7. und 8. Lindi (Nebenamt) und Mikindani, beide noch in der Entwickelung begriffen. Im Innern hat

9. Langenburg am Nordende des Nyassa-Sees Zivilverwaltung. Der Bezirk ist wichtig durch viele Missions-

stationen und durch die hohen Bergländer im Norden des Sees. Demnächst sollen Kilossa und Masinde vielleicht auch Zivilverwaltung erhalten.

Die Militärstationen sind folgende:
1. Masinde mit West-Usambara und Süd-Pare.
2. Moschi, mit dem Kilimandjaro.
3. Kilossa, mit dem Gebirgsland von Ussagara.
4. Mpapwa, wichtig als Kreuzungspunkt von Karawanenwegen.
5. Kilimatinde, an der Grenze von Ugogo und Unyamwesi.
6. Tabora, das wichtige Handelszentrum des Innern.
7. Mwansa, im Süden des Viktoria-Sees, das vielleicht durch Goldfunde wichtig wird.
8. Bukoba, im Westen des Sees mit dichter Bevölkerung und wichtig durch die Grenzbeziehungen mit dem englischen Uganda.
9. Ujiji, am Tanganika, der Grenzbezirk zum Kongostaat und im Norden mit den enorm dicht bevölkerten Bezirken Urundi und Ruhanda, für den Binnenhandel auch bedeutend durch die Salzproduktion an einem Nebenfluss des Mlagarasi.
10. Jringa, mit dem Hochlande von Uhehe, das jetzt anfängt, in friedliche und ruhige Bahnen zu kommen, und das vielleicht noch einmal für die Besiedelung in Frage kommt.
11. Songea, die letzthin errichtete Station, der besonders die Aufgabe zufällt, die Raubzüge der Magwangwara genannten Sulu-Stämme zu verhindern.

Die Zeit erlaubt es nicht, die Konfiguration des Landes, seine Flora und die Bewohner zu schildern. Es mag nur erwähnt sein, dass meines Erachtens wirtschaftlich bis auf absehbare Zeiten nur das küstennahe Gebiet in Frage kommt, das Binnenland aber nur insoweit, als es durch Flussschifffahrt oder Eisenbahn leicht zu erreichen sein wird, wenn nicht etwa durch Goldfunde weit im Innern gelegene Gebiete aufgeschlossen werden sollten. Vor Allem sind wichtig:

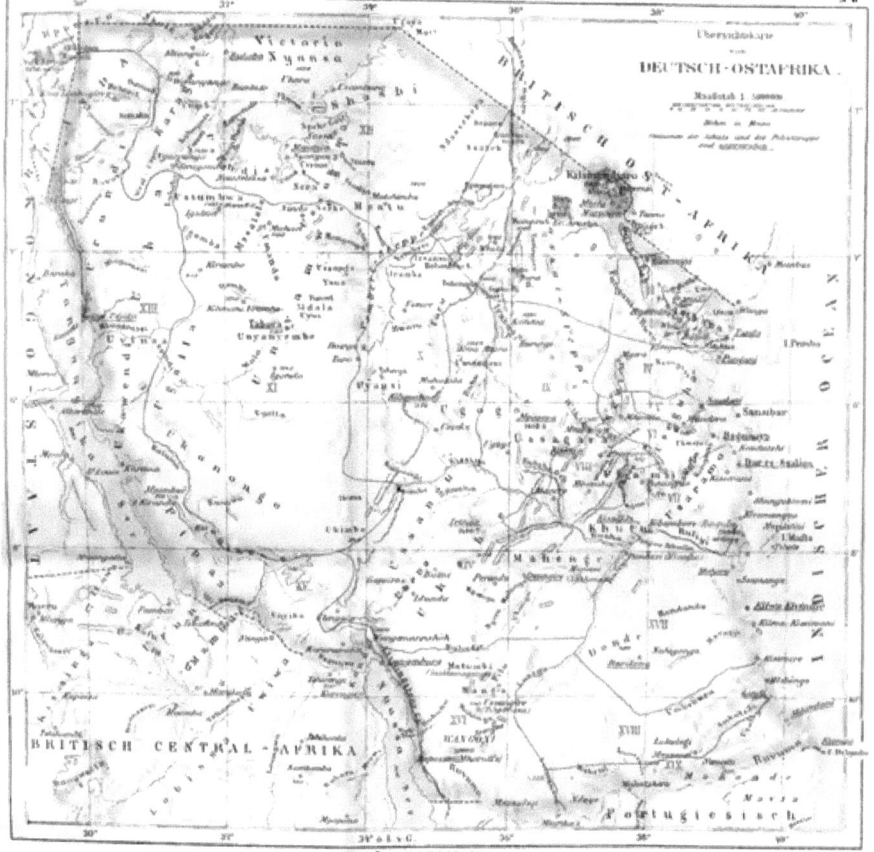

Übersichtskarte von DEUTSCH-OSTAFRIKA

Usambara und das Rufiyi-Delta, demnächst auch das Paregebirge, Ungúu und Ussagara, während Uluguru mir für die Entwickelung von Plantagen zu steile Hänge zu haben scheint. Als eventuell siedelungsfähige Hochländer sind Teile von West-Usambara, Uhehe und dem Nyassa-Hochland zu erwähnen. Nachdem ich so eine bei der Kürze der Zeit ganz gedrängte Uebersicht gegeben habe, möchte ich, ohne Anspruch auf Vollständigkeit zu machen, Einzelnes von der speziellen Thätigkeit des Gouvernements herausgreifen, über die ja alljährlich durch die Denkschrift amtlich berichtet wird. Wer sich näher über die Thätigkeit der einzelnen Stationen unterrichten will, findet in der letzten Denkschrift ein reiches Material.

Der Sklavenhandel hat durch die Bemühungen der Stationen und strenge Bestrafung der Schuldigen ganz ausserordentlich abgenommen, ja ein Sklaven-Export hat nahezu aufgehört, was gewiss ein schöner Erfolg ist, wenn man bedenkt, dass nach englischen Berichten 1862—1863 von Kilwa in einem Jahre allein 18 000 Sklaven ausgeführt wurden. Bekanntlich ist in Sansibar im Vorjahre die Aufhebung der Sklaverei erklärt worden, allerdings noch in etwas verschleierter Form. Doch wird unausbleiblich sein, dass ein Rückschlag auf die Arbeiterverhältnisse eintritt, was sich in Bezug auf die Nelkenkultur so sehr fühlbar machen muss, dass deren ganze Existenz in Frage gestellt wird. Der arabische Plantagenbesitzer hat durchweg nicht das Kapital, seine Arbeiter im Tagelohn zu bezahlen, und bei der hohen Besteuerung der Nelkenproduktion in Sansibar mit 30 % und der durch Ueberproduktion entstandenen Entwertung der Ware, wird ein Niedergang dieser Kultur unvermeidlich sein, es sei denn, dass die Engländer den hohen Produktionszoll, der ihre Haupteinnahme in Sansibar bildet, sehr verkleinern.

Die Sklaven haben es nicht schlecht, wenn sie einmal erst Sklaven sind. Ihr Herr würde sich durch schlechte Behandlung nur selbst schaden. Die Leute wissen ausserdem nur zu gut, wie scharf das Gouvernement aufpasst, dass keine Härten vorkommen. Ich kann nicht empfehlen, eine alte Institution wie die Sklaverei plötzlich aufzuheben. Ein solches Verfahren muss zu wirtschaftlichen Rückschlägen führen und macht die Sklaven selbst nicht glücklich. Es wird immer ein Fehler sein, wenn man in der Kulturentwickelung Sprünge macht. Durch Unterbindung des Sklavenraubes, genaue Ueberwachung der Herren und liberale Ausstellung von Freibriefen muss mit der Zeit die Sklaverei von selbst aufhören. Im Vorjahre sind allein etwa 1200 Freibriefe ausgestellt.

Bei Gelegenheit der Sklaverei mag ein liebenswürdiger Zug von Negern erwähnt werden. Als die Massai von der Berliner Ausstellung nach Tanga zurückkamen, verkauften sie ihre sämtlichen hier erhaltenen Geschenke und kauften mit ihren gesamten Ersparnissen ihre in Tanga befindlichen Stammesangehörigen frei. Alle Negerstämme würden allerdings nicht so handeln.

Die Sicherheit im Schutzgebiete ist jetzt eine sehr gute. Es wäre lächerlich zu erwarten, dass nirgendswo Unruhen vorkommen. Wir kennen manche Bezirke ja noch kaum und können dort auch keine Ordnung erwarten. Man darf aber getrost behaupten, dass an der Küste die Achtung vor dem Gouvernement eine grosse ist, dass man auf den Haupt-Verkehrsstrassen, also über Tabora nach den grossen Seen, fast ohne Waffen marschieren kann — es sei denn, dass einige Hanf-berauschte Neger in Nera die Reisenden belästigen —, und dass man ebenfalls zum Kilimandjaro mit einem Spazierstocke reisen kann.

Sicherer als früher ist es gewiss geworden, Reisen im Innern ist auf den begangenen Wegen kein Kunststück mehr. Wie unsicher sogar die Wasserreisen früher waren, mag ein Bericht beweisen, demzufolge 1853, als man noch per Dhau von Aden nach Sansibar fahren musste, man vor der Abreise einen Vertrag aufgenommen wurde, dass der betreffende Europäer lebend oder tot in Sansibar abgeliefert werden musste und zwar, in letzterem Falle eingesalzen. Man wollte sich sicher stellen, dass unterwegs kein Mord vorkam.

Die Landschaft Uhehe hat im letzten Jahre dem Gouvernement sehr viel zu schaffen gemacht, worüber die Denkschrift ausführlich berichtet. Wenn dort auch immer noch etwas vorkommen wird, so kann man jetzt doch einer endgültigen Beseitigung der dortigen Unruhen entgegensehen; der grösste Teil des Landes hat sich ganz unterworfen, und der Kwawa, der sich nicht fügen will, verliert von Tag zu Tag mehr von seinen Anhängern und macht nur noch verzweifelte Anstrengungen, seine alte Macht wieder zu gewinnen.

In anderen Teilen der Kolonie fanden letzthin nur kleinere militärische Unternehmungen statt. So besonders in der Landschaft Meru am Kilimandjaro, wo zwei Missionare getötet waren, in den Gegenden südlich des Manyara-Sees u. s. w. Eine Reihe von Kreuz- und Querzügen führte zur Errichtung der Station in Songea, welche die Raubzüge der Mangwangwara verhindern soll. Ob sich die Unruhen, welche durch die Revolte der sudanesischen Truppen in Uganda und durch die Meuterei einer starken Truppe im Kongo-Staat hervorgerufen sind, auch auf deutschem Gebiet fühlbar machen werden, muss abgewartet werden. Die Gefahr dazu liegt jedenfalls vor.

Der Finanzverwaltung der Kolonie liegt die Verrechnung aller Ausgaben und Einnahmen, die Beschaffung der Materialien und Inventarien und deren Transport zu den Binnen-Stationen, das Zollwesen sowie die Revision der Rechnungen ob. Die Kalkulatur zweiter Instanz, die bislang in Berlin erfolgte, wird künftig der Einfachheit halber durch einen eigenen Beamten in der Kolonie wahrgenommen. Die Einnahmen der Kolonie bestehen ausser den allgemeinen Verwaltungsabgaben hauptsächlich in Importzöllen und in Zukunft aus der Hütten- und Gewerbesteuer. Die Import-Zölle werden durch Vermehrung des Verkehrs bei den Plantagenunternehmungen u. s. w. sich steigern. Die Export-Zölle aber schwerlich, da die Elfenbein-Ausfuhr naturgemäss stetig abnimmt, und von den Plantagenprodukten keine Abgaben erhoben werden. Das Aufhören der Heuschreckenplage und die dadurch bewirkte Hebung des Wohlstandes und der Kaufkraft der Bevölkerung haben die Importe der letzten Zeit etwas gesteigert.

Sehr interessant wird das wirtschaftliche Resultat der Hüttenbesteuerung sein, für die die Vorarbeiten im Gange sind und die mit 1. April in Kraft tritt. Die Steuer soll nur dort erhoben werden, wo es auf friedlichem Wege möglich ist. Wir hoffen, dass die Eingeborenen in Folge der Besteuerung mehr produzieren werden, und da die Steuer auch in natura in Form von Oelfrüchten erhoben werden kann, so erhoffen wir ebenfalls eine Hebung der Produktion dieser wichtigen Handelsartikel. Es ist eigenartig, dass früher, vor der deutschen Herrschaft, grosse Mengen von Sesam aus dem Süden der Kolonie, grosse Mengen von Kautschuk aus Dar-es-Salam kamen, was jetzt sehr zurückgegangen ist. Es ist dies darauf zurückzuführen, dass die Landbevölkerung mehr in die grösseren Orte strömt, wo sie im Tagelohn bei Bauten und Pflanzungen oder als Träger ihren Unterhalt bequemer und rascher erwerben kann, als durch Landbau und das sehr langsam fördernde Kautschuksammeln.

Während man noch vor einigen Jahren gleich hinter der Küste nur Tausch-Artikel als Zahlmittel verwenden konnte, was natürlich das Reisen sehr erschwerte, kann man jetzt, besonders an den grossen Wegen, weithin bares Geld benützen. Alle Gouvernementsstationen, mit Ausnahme von Kilimatinde und den Posten am Tanganyika und Viktoria-See, sowie alle Pflanzungen haben Geldverpflegung. Die Löhne u. s. w. werden dort in Geld ausgezahlt, und der Eingeborene kann bei den an Ort und Stelle ansässigen Händlern (meist Griechen) sich seine Stoffe und sonstigen Bedarfsartikel einkaufen. Der Händler liefert allmonatlich sein baares Geld der Stationskasse gegen eine an der Küste zahlbare Anweisung ab, sodass ein zu häufiger Transport von Geld vermieden wird, wenn auch natürlich ein Teil der

Löhne thesauriert wird und deshalb regelmässig ein gewisser Ersatz des Geldes nötig ist. Das Geld wird in Sansibar durch Submission bei den Bankfirmen allmonatlich nach dem in Bombay herrschenden Kurs beschafft.

Das Küstenklima der Kolonie ist im allgemeinen nicht sehr gesund, ebenso der grösste Teil des Innern. Der Mensch hat hier fortwährend den Kampf mit der Malaria zu führen, und das Gouvernement hat es sich angelegen sein lassen, diesen Kampf in erster Linie aufzunehmen. Die Verbesserung der Unterkunftsräume, Entwässerung von Sümpfen in den Stadtgebieten, Beschotterung der Wege und Anlage von Brunnen wirken alle zusammen in dieser Beziehung, ganz besonders aber die speziellen sanitären Einrichtungen der Kolonie. In Dar-es-Salam ist das neue grosse Lazareth am 1. Oktober v. J. bezogen. Seine Nebengebäude sind noch im Bau. Ein schönes Hospital für Farbige ist dort ebenfalls in Benutzung. In Tanga ist ein neues, sehr umfangreiches Hospital im Bau begriffen, aber auch das jetzige, in einem gemieteten Lokal untergebrachte, ist schon recht zweckentsprechend. In anderen Stationen werden die Europäer zunächst in Krankenzimmern behandelt, bis ihre Ueberführung in ein Hospital bewerkstelligt werden kann. Auf allen Stationen sind Polikliniken eingerichtet, die in Dar-es-Salam befindliche wird in einem Jahre von etwa 6000 Menschen besucht.

Eine Pocken-Epidemie ist von Sansibar in die nördlichen Teile der Kolonie eingeschleppt, und sind deshalb dort durch den Regierungsarzt Dr. Plehn tausende von Negern sofort geimpft worden, was sie sich gerne gefallen liessen.

Von 839 Europäern starben im Jahre 1896 31 an klimatischen und 9 an anderen Krankheiten, was immer noch eine ziemlich grosse Sterblichkeit ist, da man es fast nur mit erwachsenen, gesunden Personen zu thun hat. Viel besser als früher sind die Verhältnisse aber geworden. Als ich vor zehn Jahren in Sansibar lebte, hatte man dort die

Meinung, dass jedes Betreten der Küste unfehlbar ein Fieber mit sich bringt. Diese Zeiten sind vorbei. Bei vernünftiger Lebensweise können die Meisten sogar sich recht lange in der Kolonie arbeitsfrisch erhalten; einige wenige allerdings ertragen das Klima gar nicht.

Ganz ausserordentlich wichtig sind natürlich Untersuchungen über Aetiologie der Malaria, zu welchem Zwecke augenblicklich die allererste Autorität im Schutzgebiete weilt, Prof. Robert Koch. Ueber seine Resultate wird er sicher später berichten. Nebenbei untersucht er auch zwei interessante Krankheiten des Rindviehes, die wirtschaftlich eine grosse Rolle spielen. Das Texasfieber, auch aus Nord-Amerika, der Campagna, der Donau-Niederung, dem Kaplande u. s. w. bekannt, ist an der Küste endemisch. Seine plasmodienartigen Krankheitserreger, die in den roten Blutkörperchen schmarotzen, werden durch Zecken übertragen. Mittel gegen die Krankheit giebt es nicht, aber es muss studiert werden, ob zu gewissen Jahreszeiten die aus dem krankheitsfreien Innern zur Küste gebrachten Rinder die Seuche in leichterer Form bekommen und dann immun sind. In die endemischen Gebiete der Küste und nach Mafia gebrachte Rinder werden von Zecken heimgesucht, deren Eltern einmal an kranken oder krank gewesenen Rindern gesogen haben, und werden so angesteckt. Meistens tritt nach einem Monat das Fieber ein, an dem etwa die Hälfte der Tiere zu Grunde geht. Ferner studiert er die in Indien „Surra" genannte Krankheit, die identisch mit der durch die Tsetsefliege hervorgerufenen Infektion ist. Die Fliege ist nur Ueberträgerin eines Geissel-Infusors (Trypanosoma Evansii), das in der Blutflüssigkeit lebt. Fast alle von Uhehe nach Dar-es-Salaam getriebenen Rinder werden an einem noch unbekannten Ort auf der Reise infiziert; es gilt also, diesen Ort zu suchen und zu vermeiden, ferner Versuche anzustellen, ob andere Transporttiere wie Esel, Maultiere u. s. w. immun gegen diese Krankheit sind, was für die Transportfrage von grosser Bedeutung ist. Die Immunität der eingeborenen und Bastardesel ist mit grosser Wahrscheinlichkeit bewiesen.[1])

Vielfach hat in letzter Zeit die Frage nach Errichtung von Sanatorien von sich reden gemacht. Auf Veranlassung des evangelischen Afrikavereins wurde in Lutindi in Usambara oberhalb Korogwe eine Gesundheitsstation im Urwalde in etwa 1200 m Höhe eingerichtet. Ferner werden auf einer kleinen Korallen-Insel vor Tanga auf Anregung des Dr. Plehn einige bescheidene Unterkunftsräume erbaut, speziell für den Lokalbedarf in Tanga. Ich halte die Frage nach der Errichtung von Sanatorien noch nicht für spruchreif, bevor die Untersuchungen von Professor Koch beendigt sind, und ich glaube, dass er mit positiven Vorschlägen heimkehren wird. Besitzen müssen wir einen oder mehrere Plätze, wo Rekonvaleszente sich erholen können. Alle Kolonialmächte, besonders Englisch-Indien haben prachtvolle derartige Kurorte im gesunden Höhenklima. Für die an der Küste wohnenden Europäer wird ein zeitweiliger Aufenthalt in Europa schon der geistigen Anregung wegen immer notwendig sein. In der Kolonie zu errichtende Sanatorien werden vor allen Dingen von Rekonvaleszenten benutzt werden und müssen deshalb bei gesunder Lage leicht zu erreichen sein und gute Verpflegung haben.

Ich erwähnte vorhin die gesünderen Bauten, die jetzt entstehen; während die ersten Häuser des Gouvernements, die rasch fertig sein sollten, aus leichtem Fachwerk errichtet wurden, baut man jetzt durchweg aus dem einheimischen Korallen-Kalk mit dicken Mauern und mit möglichster Vermeidung von Holzwerk, das den Angriffen der Termiten ausgesetzt ist. Thüren und Fenster werden aus indischem Teak-Holz hergestellt. Der nächste Schritt wird sein, von den grossen kasernenartigen Wohnungen zu dem indischen Einzelhause (Bungalow) überzugehen. Wir müssen von den

---

[1]) Auch auf dem Weg zum Kilimandjaro ist eine Stelle, wo die Tiere mit Surra infiziert wurden.

alten Kolonialvölkern lernen und dürfen uns nicht scheuen, unsere Beamten persönlich bei den Engländern und Holländern studieren zu lassen. Die Haupt-Lebensbedingung in den Tropen ist eben eine gesunde und behagliche Wohnung.

Die Missionen beider Konfessionen entwickeln sich dauernd, die länger im Schutzgebiet anwesenden haben einen grossen kulturellen und moralischen Einfluss auf die Eingeborenen 'gewonnen. Sehr viele derselben versuchen auch, ausser ihrer Lehre den Leuten Kulturgewächse, Handwerkskünste u. s. w. zu bringen. Ich kann hier nicht alle Missionsstationen aufzählen, sondern will nur kurz die Hauptbezirke erwähnen, in denen Missionare thätig sind.

1. Usambara (Berliner Mission, Church-Missionary-Society, Trappisten).
2. Kilimandjaro (Schwarze Väter, Leipziger Mission).
3. Bagamoyo (Schwarze Väter).
4. Dar-es-Salam (Berliner Mission, Bairische Benediktiner).
5. Lindi und Uhehe (Bairische Benediktiner).
6. Viktoria-See und Tanganyika (Weisse Väter, University Mission).
7. Nyassa-Land (Berliner Mission, Baseler Mission, Herrenhuter).

Ihren verschiedenen Grundsätzen nach verbreiten einige Gesellschaften die Lehre nur bei den umwohnenden Eingeborenen, andere erziehen ausserdem eine mehr oder weniger grosse Zahl von Negerkindern bei sich, die sich entweder freiwillig zum Unterricht melden, oder ihnen als befreite Sklaven vom Gouvernement überwiesen werden, oder die sie selbst frei kaufen. Erwachsene Zöglinge werden sobald als möglich in eigenen Dörfern in der Nähe der Missionsstationen angesiedelt. Alle Missionare unterrichten im Schreiben und Lesen mit lateinischen Lettern in dem betreffenden Landesdialekt und im Swahili. Deutsch wird selten in den Lehrplan aufgenommen.

Das Gouvernement hat 3 Regierungsschulen eingerichtet; in Tanga, Bagamoyo und Dar-es-Salam, von denen die letztere durch Erkrankung und Wechsel der Lehrer noch nicht recht zur Entwickelung gekommen ist. Als erstes Unterrichtsziel wird immer die Erlernung des Lesens und Schreibens der Swahili-Sprache mit lateinischen Buchstaben erstrebt. Nächstdem einfaches Rechnen, deutsche Sprache, Heimatskunde u. s. w. Die alten Unterrichtsmittel erwiesen sich als unpraktisch, und eine neue Swahili-Fibel, sowie ein Lesebuch sind jetzt im Druck. Sehr haben die Schulen mit dem unregelmässigen Besuch zu kämpfen. Ein Schulzwang lässt sich nicht einführen, da Kinder von 6 Jahren sich ihren Unterhalt selbst verdienen. Ausserdem ist der Erwerbsdrang und deshalb die Lernbegierde bei den Negern nicht sehr gross, destogrösser aber ihre Sucht zur Veränderung. Die regelmässigsten Schüler sind deshalb die Indier, für die in Dar-es-Salam und Bagamoyo ausserdem noch ein besonderer indischer Lehrer angestellt ist, um der Stiftungsbedingung eines verstorbenen Indiers zu genügen. Viel Erfolg verspreche ich mir von der neuen Einrichtung, dass in Tanga und Bagamoyo eine Anzahl von Negerkindern ganz in Pension genommen ist. Auf diese kann man einen Schulzwang ausüben. Es sind entweder Waisenkinder oder Knaben, die von Dorfschulzen dem Bezirksamt zur Erziehung übergeben sind. Ausserdem werden in Kilwa jährlich eine Anzahl junger Leute durch einen Dolmetscher ausgebildet. Alle diese sollen nach Ablegung einer Prüfung den Dorfschulzen beigegeben werden, um mit ihnen einen schriftlichen Verkehr zu ermöglichen.

Ich glaube nicht, dass wir bei dem jetzigen System grossen moralischen Einfluss im Lande erreichen werden. Solange die meisten Kinder bei dem mohammedanischen Lehrer in die Lehre gehen, über den keine Kontrolle möglich ist, wird kein Wandel geschaffen. Bekanntlich hat Oesterreich in seinen Balkanstaaten Grosses geleistet, indem es sämtliche mohammedanischen Lehrer in den Dienst der

Regierung nahm. Ich schlage dies System auch für uns vor. Wir haben eine Verordnung nötig, wonach nur staatlich konzessionierte Lehrer Unterricht erteilen dürfen. Die Zahl dieser Lehrer wird für jeden Ort bestimmt, und alle werden als Angestellte des Gouvernements bezahlt. Die Kontrolle muss durch den Bezirksamtmann, sowie, wenn vorhanden, durch den deutschen Lehrer ausgeübt werden. Nur auf diese Weise sehen die Leute die Schule als eine staatliche Einrichtung an. Man kann politische Beeinflussung, Verbreitung von Aberglauben u. s. w. unterdrücken und kann allmählich darauf hin wirken, dass Lehrer angestellt werden, die auf den Regierungs- oder Missionsschulen vorgebildet sind und die deshalb die lateinische Schrift beherrschen. Den Unterricht im Koran und im Arabischen wird man den Leuten zunächst nicht nehmen können, das thut man auch in Oesterreich, in Indien u. s. w. nicht, aber man kann dem schädlichen Einfluss der mohammedanischen Schulen nur so entgegentreten. Man darf sich nicht vorstellen, dass man den Mohammedanismus auf diese Weise unterstützt, gerade das Gegenteil ist der Fall; allerdings wird der günstige Einfluss erst im Laufe der Jahre bemerkbar werden. Der erste Erfolg dieser Einrichtung wird natürlich mehr ein politisch-kultureller als ein religiöser sein; aber, da wir letzteren noch nicht erreichen können, dürfen wir das Bessere nicht Feind des Guten sein lassen. Weil man alles noch nicht erreichen kann, soll man nicht das Erreichbare verschmähen. Wenn die Missionen sich ausbreiten und von ihnen und den Regierungsschulen Lehrer vorgebildet werden, die christlich sind, oder doch wenigstens zunächst die lateinische Schrift beherrschen, — ein Lehrermaterial, das wir noch nicht haben — so können wir diese allmählich an die Stelle des mohammedanischen „Mwalimu" setzen. Die Kosten einer solchen Einrichtung sind nicht unerschwinglich. Nimmt man an, dass in jedem Bezirksamt durchschnittlich 6 Schulen nötig sind, so würde das rund 50 für die Küste machen. Der Lehrer wäre mit 25 Rupie gut bezahlt, sodass ich die monatlichen Ausgaben auf etwa 1250 Rupie, die jährlichen demnach auf rund M. 20 000 schätze, wozu noch etwas zur Unterhaltung von Schulräumen kommt. Die Einrichtung des ausserordentlich wichtigen Handwerksunterrichts, von dem ich mir nur im Internat Erfolge verspreche, wird dauernd mit Interesse verfolgt.

Bei der Entwickelung von der Kenntnis des Landes müssen wir zu allererst Wert auf die geographisch-kartographische Forschung legen, und hierin ist in den letzten Jahren Erstaunliches geleistet. Vor Errichtung des Gouvernements hatten wir nur sehr dürftige Routenaufnahmen von Missionaren und Reisenden; jetzt sind fast alle weissen Flecke von der Karte verschwunden, und das ganze Land ist mit mehr oder weniger sorgfältig kartierten Routen durchzogen. Die meisten Offiziere nehmen an dieser Arbeit teil. Es sind im ganzen schon 45 Mitarbeiter, deren Aufnahmen durch Dr. Kiepert hier verarbeitet wurden. Von den etwa 30 Blättern des grossen bei Dietrich Reimer erscheinenden Kartenwerkes, das die ganze Kolonie im Massstab von 1 : 300 000 darstellen soll, sind schon 15 Blätter veröffentlicht, und grosses Material liegt noch vor. Ein eigener Geograph ist seit etwa einem Jahr an der Arbeit, um die Ausdehnung des Gebietes festzulegen, das der Deutsch-Ostafrikanischen Gesellschaft gehört, und auf das sich der kaiserliche Schutzbrief bezieht. Genauere Karten werden von den Gebieten hergestellt, wo wirtschaftliche Interessen und das Eigentum von Plantagen in Frage kommen. Es sind zunächst zwei Expeditionen in Usambara thätig, von denen eine unter einem Offizier die grosse Triangulation vornimmt und gerade jetzt bei einer Basis-Messung mit 300 Arbeitern beschäftigt ist. Die andere unter Landmessern nimmt die Klein-Triangulierung und topographische Aufnahme in den speziellen Plantagengebieten vor. Bei der geringen Zahl von Beamten und bei den grossen Schwierigkeiten, wo im unwegsamen Gebiet Signale erbaut, Kuppen entwaldet und Sichten durchgeschlagen werden müssen, kann man nicht erwarten, dass eine Arbeit in kurzer Zeit fertig ist, die in zivilisierten Ländern jahrelang einen ganzen Stab von Arbeitern in Anspruch nimmt. Jetzt wird auch mit der Vermessung des fruchtbaren Rufiyi-Deltas vorgegangen.

Ein dritter Teil der Vermessung bezieht sich auf die Kataster-Arbeiten, die zunächst in Dar-es-Salam im Gange sind und die Unterlagen für Flurkarte und Grundbuch geben sollen.

Gelegentlich wurde das Vermessungspersonal auch bei den Grenz-Regulierungen und den Vorarbeiten für den Weiterbau der Tanga-Eisenbahn in Anspruch genommen. Augenblicklich ist eine grosse Expedition in Vorbereitung, die die englisch-deutsche Grenze zwischen dem Nyassa und Tanganyika-See festlegen soll. Im Anschluss daran werden Schwerkrafts-Bestimmungen ausgeführt, die ein allgemein wissenschaftliches Interesse für die Physik der Erde haben.

Die Resultate, welche bis jetzt auf naturwissenschaftlichem Gebiete erzielt sind, werden in einem grossen im Erscheinen begriffenen Werk zusammengefasst, von dem die Pflanzen- und Tierwelt in vier Bänden bereits vorliegt. Die Anthropologie, die Herr Geheimrat Virchow und die Ethnographie, die Herr Prof. v. Luschan übernommen haben, sind in Vorbereitung. Eine eigene botanisch-zoologische Expedition wird aus den Mitteln einer Stiftung geplant zur Erforschung der Hochländer am Nyassa und in Uhehe. Alle Sammlungen werden in den hiesigen Museen verarbeitet.

Für alle kulturellen Fragen sind die **meteorologischen Beobachtungen** von besonderer Bedeutung, und es ist mit grosser Freude zu begrüssen, dass dieselben jetzt von einem eigenen Fachmann, Herrn Dr. Maurer, organisiert werden, der eine ganze Reihe von Stationen eingerichtet hat. Ich kann hier keine ausführlichen Tabellen geben, will aber doch einiges Interessante über die Regen- und Temperaturverhältnisse erwähnen.

In Dar-es-Salam war von Dezember 1895 bis Dezember 1896 die mittlere Jahrestemperatur 25,6° C., das äusserste

Minimum 17,6°, das äusserste Maximum 33,4° und der Regenfall 1145,5 mm an 105 Tagen. Vom 1. Juli 1896 bis 1. Juli 1897, in sehr regenreichem Jahr, fielen an 115 Tagen 1355,4 mm Regen.

In Tanga war vom Dezember 1895 bis Dezember 1896 die mittlere Temperatur 25,9° C., das äusserste Minimum 19,2° und das äusserste Maximum 33,6°. Es fielen 1977,4 mm Regen an 142 Tagen, während vom 1. Juli 1896 bis 1. Juli 1897 2430 mm fielen.

Auf der Plantage Kwamkoro im Handei-Urwald fielen vom 1. Juli 1896 bis 1. Juli 1897 nicht weniger als 3390 mm, eine ganz enorme Zahl.

Auf der Kulturstation Kwai in West-Usambara in 1600 m Meereshöhe war die Durchschnitts-Temperatur 17,5° C. das Minimum 6,5° und das Maximum 26,5° bei etwa 1150 mm Regen an 143 Tagen. Es herrscht dort gewissermassen ein ewiger Frühling.

Ich will noch erwähnen, dass auf der Plantage Lewa im Mittel aus 5 Jahren 1512 mm Regen an 109 Tagen und auf der Vanille-Plantage Kitopeni bei Bagamoyo im Durchschnitt aus 6 Jahren 1105 mm an 114 Tagen fielen, dass in Mohorro 1896/97 etwa 1390 mm und in Lindi nur 865 mm Regen fiel. Die Küste von Ost-Afrika ist demnach mit Ausnahme des Südens ziemlich reichlich mit Regen versorgt, der allerdings meistens recht ungleichmässig im Jahre verteilt ist. Auffallend ist, dass in dieser Periode im November die kleine Regenzeit ganz ausgefallen ist, während 1 Jahr früher zur gleichen Zeit überwältigende Wassermassen herabfielen. Die jährlichen Regenmengen an denselben Punkten können in verschiedenen Jahren um fast das Doppelte variiren.

Neben seiner eigentlichen Thätigkeit hat der Meteorologe erdmagnetische und andere physikalische Messungen vorgenommen.

Die geologische Erforschung des Landes wird durch einen Berg-Assessor wahrgenommen. Herr Bornhardt hat am Nord-Ende des Nyassa-Sees zwei Kohlenlager eingehend untersucht und gute Kohlen in abbaufähiger Menge gefunden, die aber für die augenblicklichen Verkehrsverhältnisse am See noch nicht in Frage kommen, da der Bedarf noch zu gering ist, als dass sich ein Transport von der etwa 30 km vom See gelegenen Fundstätte lohnen würde. Für die Zukunft des Nyassa-Gebietes haben die bis zu 4 m Mächtigkeit aufweisenden Lager eine grosse Bedeutung.

Ueber die Verwertung eines Fundes von Glimmer, der in der Elektro-Technik viele Verwendung findet, schweben noch Verhandlungen.

Der Berg-Assessor hat begonnen durch sehr sorgfältige Kartenaufnahmen und geologische Studien, die jetzt in Bearbeitung sind, eine genaue Kenntnis der Zusammensetzung der geschichteten Formationen in der Küstenzone zu bekommen, eine Arbeit, die sein Nachfolger jetzt fortsetzt. Zunächst müssen wir eben den geologischen Aufbau des Landes kennen. Das Suchen nach bestimmten Mineralien wie Gold u. s. w. ist nicht zu empfehlen und führt meistens zu resultatlosem Hin- und Herziehen. Sehr gespannt kann man auf die Ergebnisse einer geologischen Expedition sein, die im Auftrage eines Syndikats Goldlager untersuchen soll, die südlich des Viktoria-Nyansa beobachtet sind.

Der Handel in Deutsch-Ostafrika hat mit dem eigentümlichen Verhältnis zu kämpfen, dass er fast ganz von Sansibar und weiterhin von Bombay abhängig ist. Sansibar ist nun einmal der alte Handelsplatz, dort strömen die Fäden nicht nur von Deutsch-Ostafrika, sondern auch vom englischen und portugiesischen Gebiet, ja von Madagaskar und Süd-Arabien zusammen. Es ist also dort auch der grösste Markt, die grösste Konkurrenz für jede Ware und ebenso das Kapital vorhanden. Es ist selbstverständlich, dass die Kaufleute sich am liebsten dort zentralisieren. Alte Handelswege in neue Bahnen zu lenken ist sehr schwer, gefährlich und zeitraubend. Es hat nur Aussicht, wenn die wirtschaftlichen Bedingungen sich ändern, wenn entweder in Zukunft der Plantagen-Betrieb überwiegen wird, oder wenn an Stelle des alten Dhau- und Trägerverkehrs Dampfschiffe und Eisenbahnen treten. Kaum ein Viertel des Sansibar-Handels geht nach Deutsch-Ostafrika, und es scheint mir sehr fraglich, ob dieses Viertel die übrigen drei Viertel des Sansibar-Handels veranlassen können, andere Wege und Niederlassungen aufzusuchen.

In Sansibar waren die Handelsverhältnisse in den Jahren 1892—94 folgende:

	1892	1893	1894
Import von der deutsch. Küste	3 980 309 Rup.	3 648 264 Rup.	3 742 131 Rup.
Gesamt-Import	21 693 856 „	18 348 148 „	18 965 277 „
Export nach der deutsch. Küste	5 884 405 „	4 576 214 „	3 739 389 „
Gesamt-Export	19 780 962 „	16 032 566 „	14 538 568 „
Der Kurs war 1 Rup.	= 1 sh. 1,25 p.	= 1 sh. 3 p.	= 1 sh. 3 p.

Diese Zahlen lassen sich nicht ohne weiteres mit einander vergleichen, da die Importe von der Küste grösstenteils Produkte gewesen sein werden, die vielleicht in der Ausfuhr wieder vorkommen. Einen annähernden Ueberblick gewinnt man, wenn man den Gesamt-Umsatz in Import und Export zusammenstellt, und zwar im Durchschnitt der 3 Jahre. Es hatte demnach Sansibar 1892—94 durchschnittlich einen Gesamt-Umsatz von 36 452 459 Rup. an denen Deutsch-Ostafrika mit 8 520 237 Rup., also mit nur 23,38% beteiligt war.

Man könnte nun meinen, dass der grösste Teil des Handels von Deutsch-Ostafrika nicht über Sansibar ginge, sondern sich direkt vollzieht oder das obige Angabe wegen doppelter Aufzählung der Produkte unrichtig ist. Dass dem nicht so ist, mögen folgende Zahlen beweisen:

Deutsch-Ostafrika.

	Einfuhr.	Ausfuhr.	Summe von Ein- und Ausfuhr.
1888—89	2 485 162 M.	4 270 652 M.	6 755 814 M.
1889—90	8 473 147 „	7 523 872 „	15 997 019 „

	Einfuhr.	Ausfuhr.	Summe von Ein- und Ausfuhr.
1890—91	9 000 843 M.	7 482 429 M.	16 433 272 M.
1893	7 712 823 „	5 580 793 „	13 293 616 „
1894	7 167 689 „	4 877 021 „	12 044 710 „
1895	7 608 466 „	3 257 584 „	10 866 050 „
1896	9 233 406 „	4 387 197 „	13 620 603 „

Vergleicht man die Jahre 1893—94, für die mir der Umsatz in Sansibar zur Hand ist (1892 ist für Deutsch-Ostafrika keine vollständige Statistik vorhanden), so sieht man, dass im Durchschnitt aus diesen zwei Jahren der Gesamtumsatz in Ein- und Ausfuhr war

in Sansibar ... 45 750 980 M.,
in Deutsch-Ostafrika 12 669 163 „

letzterer beträgt demnach nur 27,7 % von dem Sansibar-Umsatz.

Aus der amtlichen Statistik für Deutsch-Ostafrika lässt sich die Beteiligung Sansibars am Handel nicht ersehen, es sind dort nur die Ursprungsländer der Waren angegeben. Aus der Statistik sieht man aber die starke Beteiligung des indischen Handels in Ost-Afrika. Es waren:

	1895	1896
Gesamteinfuhr	6 725 098 Rup.	7 008 287 Rup.
davon aus Indien stammend	3 233 206 „	3 294 598 „
und aus Sansibar stammend	87 125 „	90 645 „
Gesamtausfuhr	2 879 368 „	3 329 941 „
davon nach Indien ...	3 435 „	23 504 „
davon nach Sansibar ...	2 555 782 „	2 638 092 „

Bei der Einfuhr kommt also besonders indische Ware, bei der Ausfuhr der Versandt nach Sansibar in Betracht.

Die Handelsbilanz ist nicht sehr günstig. Im Durchschnitt der Jahre 1893—96 überstieg die Einfuhr die Ausfuhr um 43 %. Das grosse Ueberwiegen des Importes ist wohl zum Teil darauf zurückzuführen, dass viele Pflanzungen in der Entwickelung sind und Anlagemittel erfordern, aber noch keine Erträge, die in der Ausfuhr auftreten müssten, ergeben.

Die wirtschaftliche Entwickelung Deutsch-Ost-Afrikas.

Aus der oben gegebenen Zusammenstellung ergiebt sich auch, dass der Handel Deutsch-Ostafrikas seit 1889 sich eher vermindert als vermehrt hat. Der Gesamtumsatz in Einfuhr und Ausfuhr ist seit 1890 um 2,8 Millionen gesunken, was ganz besonders der grossen Verminderung der Ausfuhr von Elfenbein zuzuschreiben ist.

Der wichtigste Handelsplatz der Küste ist noch immer Bagamoyo. Es kommt dies daher, dass die einheimischen Segelschiffe bei jedem Winde die Verbindung mit Sansibar aufrecht erhalten können. Deshalb sind dort die Haupt-Filialen der Indier, nur deshalb gehen die Karawanen aus dem Inneren dorthin. Aber nur für Dhaus ist der Verkehr ein so günstiger, treten Dampfer an ihre Stelle, so ist Bagamoyo bei den schlechten Landungsverhältnissen recht ungeeignet. Nächstdem kommt Kilwa in Betracht, wichtig durch den Handel mit Kautschuk[1]), und Tanga durch die im Hinterland befindlichen Plantagen-Unternehmungen.

Grosse Geschäfte machen die Kaufleute bei uns leider noch nicht, die werden in Sansibar abgeschlossen. Es haben sich deshalb auch noch nicht viele niedergelassen. Ich nenne die verschiedenen Vertretungen der Deutsch-Ostafrikanischen Gesellschaft, Hansing & Co., die Westdeutsche Handels- und Plantagengesellschaft, Müller & Dewers, August Schiele und einige andere. Durchweg werden Import- und Exportgeschäfte gemacht. Erstere vielfach mit den Bedürfnissen der Europäer und Plantagen. Einige Griechen und Goanesen machen ganz gute Geschäfte.

Zahlreiche Indier haben an allen Punkten Läden errichtet, sie importieren durchweg von Sansibar und Bombay und haben fast den ganzen Zwischenhandel in Händen. Die Hindufrage ist für uns sehr wichtig. Diametral stehen sich

---

[1]) Es ist eine irrige Meinung der Engländer, dass der Kautschuk-Handel erst durch Sir John Kirk angeregt worden ist. Schon 1857 setzte der amerikanische Konsul Mac Millan einen Preis von 1000 $ auf das erste Handelsquantum dieses Artikels aus. Der wirkliche Handel mit Kautschuk hat sich aber erst nach dem Jahre 1875 entwickelt.

die Meinungen darin gegenüber. Ohne Frage saugen die Indier die Eingeborenen aus, schaffen ihren Erwerb zum Teil nach Bombay — obgleich dies durchaus nicht immer der Fall ist[1]) — und endlich verhindern sie, dass deutsche Kleinhändler sich ansiedeln können, weil diese gegen den anspruchslosen und schlauen Indier nicht aufkommen, der mit 200—300 Mark jährlich leben kann, während ein europäischer Handlungsbeflissener seinem Geschäft nach alten Erfahrungen etwa 6000—7000 Mark kostet; andererseits aber muss man auch sagen, dass deutsche Händler schwerlich die Geduld zu dem kleinen Geschäft mit den Negern haben, welche seit Jahrhunderten an die Indier gewöhnt sind, und dass wir fürs erste noch kein anderes Menschenmaterial an die Stelle der Indier zu setzen haben. Meine ganz private Meinung ist, dass man versuchen soll, die Ueberschwemmung mit indischen Kaufleuten zu verhindern, indem man ihnen Ladensteuer und Abgaben für die Erlaubnis der ersten Ansiedelung auferlegt. So scharf wie in Natal und Transvaal brauchen wir wohl noch nicht vorzugehen, wo neuerdings auf die Einführung eines Indiers oder Chinesen eine Strafe von M. 1000 gelegt ist. Das können die Engländer in ihren eigenen Kolonien machen, oder Transvaal, das keine eigenen Kaufleute in englischen Kolonien hat. Wir aber müssen bedenken, dass zahllose Deutsche in englischen Besitzungen frei und ungehindert ihren Handel treiben, und dass diese vor Gegenmassregeln seitens der Engländer gesichert werden müssen. Deshalb dürfen wir die Indier, die englische Unterthanen sind, nicht mit viel anderem Masse messen, als andere Händler. Wir wollen doch nicht vergessen, dass zweifelsohne der ganze Handel in Ostafrika durch Araber und Indier entstanden ist, und dass wir es ihnen verdanken, dass wir im Osten so sehr viel bessere Verhältnisse haben, als im Westen des Kontinents. Sie sind unzweifelhaft ein

---

[1]) Es giebt in Sansibar Indierfirmen, die aus ihren Büchern einen Aufenthalt in Sansibar von 200 Jahren nachweisen können.

grosses Kulturelement, indem sie überall ihre Läden errichten und den Eingeborenen Bedürfnisse beibringen, und indem sie, je nach den gerade vorhandenen Produkten, im Jahre mehrfach ihren Wohnsitz verändern, um einmal Kautschuck, dann Kopal u. s. w. einzukaufen. Ohne den arabisch-indischen Einfluss hätten wir nur Wilde vorgefunden, während wir so an der Küste eine schon etwas zivilisierte Bevölkerung haben, deren Bedürfnisse und dadurch auch deren Erwerbstrieb durch die Handelsbeziehungen geweckt war. Der Europäer ist völlig ausser Stande, seine Fühlfäden so ins Volk zu strecken, wie der Indier.

Es wäre meines Erachtens auch ganz gut, wenn man als Gegengewicht gegen die Indier einige Chinesen als Kaufleute und Handwerker hätte. Verbieten kann man ihre Einwanderung jeden Augenblick.

Während früher die deutschen Kaufleute sich höchstens auf die Küstenorte beschränkten, haben sie in letzter Zeit auch Expeditionen ins Innere abgesandt. Mit ganz besonderem Erfolg geschieht dies von Kilwa aus zum Einkauf von Kautschuck. Leider ist im letzten Jahre durch die Konkurrenz und Ueberfüllung des Hinterlandes mit Tauschwaren das Geschäft bedeutend ungünstiger gewesen als früher. Natürlich werden nach wie vor auch arabische Karawanen, meist mit indischem Kapital bevorschusst, ausgesandt, besonders zum Einkauf von Elfenbein, dessen Menge jedoch sehr bald abnehmen wird, sowohl durch die Verminderung der Ware an sich, als durch ihren Abfluss nach dem Kongostaat, nach dem englischen Nyassa-Lande und Mombassa.

Sehr kommt dem Handel die Errichtung der vom Reich subventionierten Deutschen Ostafrika-Linie zu gute. Die Fahrten sind jetzt 14tägig. Es ist zu erwägen, ob bei dem Ablauf des Vertrages es sich für den Handel mit Süd-Afrika nicht empfiehlt, schneller fahrende Personendampfer abwechseln zu lassen mit langsameren Frachtdampfern, die ermässigte Passagen geben. Nur durch schnellere Fahrten kann die Linie der Konkurrenz in Süd-Afrika begegnen. Zu erwägen wäre auch noch, ob nicht die nördliche Küsten-Zweiglinie eingehen könnte gegen die Verpflichtung, dass die grossen Dampfer Lindi anlaufen.

Einen ausserordentlich wichtigen Teil der wirtschaftlichen Unternehmungen bilden die Pflanzungen. Die meisten derselben liegen im Bezirke Tanga. Es sind:

Deutsch-Ostafrikanische Gesellschaft mit Ngwelo, Nderema, Lungusa, Mwoa und Yassin, Kikogwe und Mwera (arabischer und Liberia-Kaffee, Kokos, nebenbei Sisal, Thee und Kardamom).

Westdeutsche Handels- und Plantagen-Gesellschaft mit Kiumoni, Plantage Schoeller, Magrotto (arabischer und Liberia-Kaffee, Kokos).

Deutsch-Ostafrikanische-Plantagengesellschaft mit Lewa und Buschirihof (Liberia-Kaffee, Kokos).

Prinz-Albrecht-Plantage, mit Kwamkoro (Arabischer Kaffee).

Usambara-Kaffeebau-Gesellschaft mit Bulwa (Arabischer Kaffee).

Rheinische Handel-Plantagen-Gesellschaft mit Mgambo (Arabischer Kaffee).

Hamburg-West-Usambara-Plantagengesellschaft mit Sakarre (Arabischer Kaffee).

Sigi-Pflanzungsgesellschaft mit Segoma (Liberia-Kaffee).

Friedrich-Hoffmann-Pflanzungen mit Hale (Liberia-Kaffee).

von Saint-Paul-Illaire's Pflanzung bei Tanga (Kokos und Vanille).

F. Missmahl mit Ngua (Arabischer Kaffee).

Schluncke (Kokospflanzung bei Tanga).

L. & O. Hansing, Mrima-Land- und Plantagen-Gesellschaft. Vanille-Pflanzung Kitoponi bei Bagamoyo.

Perrot & Co. Liberia-Kaffee-Pflanzung bei Lindi.

Demnächst werden hoffentlich beginnen:

Skizze des Pflanzungsgebietes von USAMBARA

Maßstab 1:600 000

Die wirtschaftliche Entwickelung Deutsch-Ost-Afrikas.

Die Pangani-Gesellschaft mit Errichtung einer Zuckerfabrik, Herr Lançon am Tschaua-Berg mit Wein, Ein Kölner Syndikat und Dr. Beerwald in derselben Gegend, Herr Wilkens, Herr Wiese und Herr Wegener in West-Usambara und die Deutsch-Afrikanische Landwirtschaftsgesellschaft in Süd-Pare und am Kilimandjaro.

Auf der Land-Verteilungskarte, die, aus dem Gedächtnis gezeichnet, keinen Anspruch auf Genauigkeit machen kann, ist zu sehen, wie sehr der Landbesitz der ostafrikanischen Gesellschaft bezw. der Eisenbahngesellschaft den der übrigen übertrifft, veranlasst durch die Eisenbahnkonzession, sowie dadurch, dass in einem Küstenstreifen von 10 Seemeilen sowie in den Landschaften Useguha, Ussagara, Unguu und Ukami der deutsch-ostafrikanischen Gesellschaft das Okkupationsrecht an herrenlosem Lande zusteht. Sie hat allein in Usambara 162 000 ha okkupiert, ausserdem etwa ebensoviel längs der Bahn. Für die Entwickelung der Plantagen ist jede Monopolisierung von Land zu bedauern. Sie stört die freie Konkurrenz.

In Bezug auf die Grösse der Flächen, die man zu kaufen wünscht, scheint man auch in anderen Kreisen gern ins Masslose zu gehen. Es soll sich immer um Tausende von Hektaren handeln, und man bedenkt nicht, dass die Mittel zur Kultivierung dieses Gebietes nicht ausreichen. Die Deutsch-Ostafrikanische Gesellschaft hat z. B. zur Bewirtschaftung von etwa 300 ha rund $1^1/_2$ Millionen Mark gebraucht.

Durchweg entwickeln sich alle Plantagen sehr erfreulich. Wenn auch noch nicht so wie wir es wohl wünschen, so beteiligt sich das Kapital doch immer mehr, und es ist zu hoffen, dass es sich mit der Zeit auch zum Rufiyi-Delta nach dem Nord-Nyassa-Land, nach Usagara und Unguu wendet.

Die Arbeiterfrage steht sehr viel besser, als wir früher annahmen. Es hängt, wie alles in Afrika, ganz von der Persönlichkeit des Leiters ab, ob er Arbeiter hat oder nicht. Einer kann alles, ein Anderer nichts mit den Leuten an-

Abb. 1. Plantagenweg durch den Handei-Urwald. (Prinz Albrecht-Plantagen, Ost-Usambara.)

fangen. Sogar alte Java-Pflanzer sind erstaunt über die Anstelligkeit und Geschicklichkeit der Neger, und durchweg beginnt man, die Ost-Asiaten abzuschieben, weil sie zu teuer und für die meisten Kulturen unnötig sind. Es werden Neger auf viele Monate im Vertrag angeworben, und wenn auch ein Teil von ihnen mit der Zeit desertiert, so bleiben andere doch lange. Der Lohn ist durchweg $13^3/_4$ Rupie (incl. Verpflegung) für 30 Arbeitstage. Es sind im Bezirke Tanga etwa 5000 Neger auf den Pflanzungen beschäftigt. Die Bildung einer Pflanzer-Vereinigung gewährleistet es, dass die verschiedenen Gesellschaften sich nicht gegenseitig mit den Löhnen in die Höhe treiben.

Es scheint mir, dass manche Gesellschaften noch zu teuer arbeiten, und dass sie besonders an den Bauten viel sparen können, wenn sie einheimisches Material benutzen, anstatt im Urwald ihre Häuser aus schwedischem Fichtenholz aufzuführen. Wenn erst Dividenden da sind, kann man sich prächtige Häuser gestatten. Vor der Hand müssen praktisch hergestellte Hütten genügen. Ausserdem werden hoffentlich einige Pflanzungen bei dem Weiterbau der Eisenbahn das Holz ihrer Pflanzungen verwerten können. Geschnittenes Fichtenholz kostet an der Küste 70—80 Rup. pro cbm.

Existenzbedingung für die Pflanzungen ist natürlich eine geeignete Verbindung mit der Küste, besonders der Weiterbau der Tanga-Eisenbahn, für den die Vorstudien augenblicklich im Gange sind. Die Eisenbahn-Gesellschaft kann selbst nicht weiter bauen, und da die Bahn für die Entwickelung nötig ist und nicht verfallen darf, muss wohl die Regierung eintreten. Ich kann nur auf das Dringendste befürworten, dass man alle verfügbaren Mittel auf diese wichtigste wirtschaftliche Aufgabe verwendet und sich nicht zersplittert. Das in Deutsch-Ostafrika engagierte Kapital ist hauptsächlich in dem so hervorragend günstig gelegenen Usambara-Gebirge angelegt, und wenn irgendwo, so müssen wir hier die Verkehrsverhältnisse entwickeln. Die jetzige, nur

42 km weit bis Muhesa geführte Bahn ist nur ein Torso und nützt dem Verkehr kaum etwas. Der Transport von Lasten auf ihr wird nicht billiger als durch Träger, die man für den Weitermarsch doch auf der Bahn mitführen muss, und der Transport dieser Träger bis Muhesa ist ebenso teuer wie der zweitägige Marsch der Leute dorthin. Vor allem aber muss immer wieder betont werden, dass die Bahn nicht nur den Plantagen in Ost-Usambara dienen soll, sondern dass sie vielmehr vor allem West-Usambara aufzuschliessen hat, und das kann sie mit Erfolg nur thun, wenn sie bis **Mombo weitergeführt wird**. Die Ansiedelungsfrage, auf die ich später komme, ist ohne Bahnbau nicht zu lösen.

Den Plan der **Centralbahn** hat man einstweilen fallen gelassen, und mit Recht: Wir dürfen unsere geringen Mittel nicht zersplittern. England verfolgt mit seiner Bahn nach Uganda mehr politische als wirtschaftliche Zwecke. Wenn einmal ein Bahnbau zum Victoria-See nötig werden sollte, so empfehle ich, ihn von Dar-es-Salam ausgehen zu lassen und eine Abzweigung nach Uhehe zu bauen, um dort die Ansiedelungsfrage zu lösen.

Ueber die sogenannte **Landfrage** kann ich mich aus dienstlichen Gründen nicht äussern. Ich will nur kurz erwähnen, dass nach allerhöchster Verordnung alles herrenlose Land Kronland ist, und dass dies vom Gouvernement zu mässigen Preisen als Eigentum abgegeben wird, und zwar im allgemeinen höchstens bis zu 2000 ha an eine Gesellschaft.

Das Gouvernement selbst hat folgende **Versuchspflanzungen**.

In Dar-es-Salam einen kleinen Versuchsgarten, in dem hauptsächlich Alleebäume und Ziergewächse für die öffentlichen Anlagen gezogen werden.

Bei Dar-es-Salam eine Agaven-Plantage, bei Mohorro im **Rufiyi-Delta** eine Tabackspflanzung, die landwirtschaftliche Versuchsstation **Kwai** in West-Usambara und zwei Viehzuchtsstationen auf Mafia und bei Dar-es-Salam.

Die wirtschaftliche Entwickelung Deutsch-Ost-Afrikas.

Es fragt sich nun, was ist gepflanzt und was soll man pflanzen?

Das erste ist **arabischer Kaffee**, der mässiges Höhenklima und meistens auch Urwaldboden haben will. Es sind jetzt rund 1¼ Million Bäume auf etwa 600 ha ausgepflanzt, und in der nächsten Periode wird noch rund eine Million dazukommen. Man schlägt den Urwald nieder, zerstückelt die

Abb. 2. Frisch geschlagener Urwald zur Anlage einer Kaffee-Pflanzung.
(Prinz Albrecht-Plantagen, Handei.)

enormen Bäume (Abb. 2) und verbrennt sie, weil Mangel an Transportmitteln die Benutzung des Holzes ausschliesst. Dann macht man Pflanzlöcher in 6 Fuss Abstand, füllt sie mit guter Erde an und bringt die etwa 6 Blattpaare besitzenden Pflänzlinge hinein, die vorher auf beschatteten Saatbeeten gezogen sind. Der Boden ist meist roter Laterit. Ich meine, dass man versuchsweise auch einmal Kaffee in dem nur mit Gestrüpp bewachsenen Lande pflanzen sollte, weil von

diesem grosse Flächen vorhanden sind. Der Schutz vor dem
Winde wird jedenfalls die Hauptsache sein. Als Schattenbäume pflanzt man Albizzia Moluccana, hier und da auch
Erythrina. Auf Bulwa (Abb. 3) hat man den Versuch gemacht,
das ganze mit Kaffee bepflanzte Land sorgfältig zu terrassieren.
Es ist abzuwarten, ob die grossen Unkosten dieser Arbeit
durch die bessere Ernte aufgewogen werden.

Der Blattrost-Pilz (Hemileia vastatrix) hatte im Sep-
tember 1896 sehr viel Schaden gemacht. Stellenweise waren
alle Blätter abgefallen. Ein Jahr später sahen die Bäume
so viel besser aus, wie ich es nie für möglich gehalten hätte.
Gegen den Pilz nützt keine Einfuhr-Verordnung, denn er ist
in Afrika einheimisch, wie meine Sammlungen vom Victoria-See beweisen, welche vor Errichtung der ersten
Plantage angelegt wurden. Wir müssen uns mit dem Vor-
handensein des Pilzes abfinden, und wahrscheinlich wird der
durch ihn verursachte Schaden darauf hinaus kommen, dass
die gesamte Tragezeit der Kaffeebäume um einige Jahre
kürzer sein wird als in den pilzfreien Gegenden, und dass
man deshalb früher als anderswo nachpflanzen muss. Eine
Schildlaus, die am Wurzelhals der Bäume schmarotzt, wird
mit gutem Erfolge durch Schwefelkohlenstoffkapseln bekämpft,
und der auf der Kaffee-Plantage der Mission in Morogoro
gefundene Bohrkäfer scheint auf die dortige Gegend be-
schränkt zu sein.

Von den ältesten Plantagen der Deutsch-Ostafrikanischen
Gesellschaft sind dieses Jahr über 2000 Centner Kaffee gebracht, die den guten Preis von 96—100 Pfennigen pro
Pfund erzielten, aber wohl über den normalen Handelswert
bezahlt sind. Wir werden in wenigen Jahren sicher recht
viel Kaffee erzeugen, werden uns aber mit der Ueberproduktion im Weltmarkte und dem allmählichen Preisrückgange
des Kaffees abfinden müssen. Zu erwägen ist, ob wir nicht
den Bedarf von Südafrika an Kaffee decken können. Ueber
die Unkosten der Pflanzung gehen die Angaben noch weit
auseinander. Nach den Berichten der Deutsch-Ostafrikanischen

Gesellschaft stehen die etwa ½ Millionen Bäume besitzenden Pflanzungen mit 1½ Millionen Mark zu Buch, so dass der Baum 3 Mark kosten würde. Etwas geringer ist der Preis jedenfalls, denn einerseits ist bei der ersten Anlage neuer Pflanzungen allerhand Erfahrung teuer zu bezahlen, was die späteren Unternehmer nicht nötig haben, andererseits aber dürfte durch Kaffee-Verkauf schon etwa ¼ Millionen Mark

Abb. 8. Junge Kaffee-Pflanzung mit Terrassen-Kultur. (Usambara Kaffee-Bau-Ges. in Bulwa, Handei.)

wieder eingebracht sein. Die Pflanzer meinen, dass der Baum ihnen etwa 1 Rup., also 1,35 Mark kostet. Ich glaube, dass unter Berücksichtigung aller Unkosten der Preis sich noch etwas höher stellt. Einige Pflanzungen, die für Bauten nichts ausgaben, haben viel billiger gewirtschaftet, so soll, wie man in Tanga behauptet, Sakarre mit etwa 60 000 Rup. rund 160 000 Bäume gepflanzt haben, die allerdings noch nicht tragen.

Wieviel Ertrag der Baum in Usambara jährlich giebt und wieviel Jahre lang, wissen wir noch nicht. Das bis jetzt erzielte Produkt hat ein ausgezeichnetes Aroma und eine gute, ansehnliche Bohne.

Der Liberia-Kaffee will Tieflandsklima haben. Die Pflanzweite ist 10—12 Fuss. Es mögen jetzt rund eine halbe Million Bäume gepflanzt sein, die vielleicht in diesem Jahr auf fast das doppelte vermehrt werden. Den Angriffen des Blattpilzes ist diese Art kaum ausgesetzt, aber das dem der arabischen Kaffeebäume nachstehende Produkt ist sehr im Preis zurückgegangen. In weiter Ausdehnung sind Flächen für diese Kultur im Küstenlande, besonders in Bondei, zur Verfügung.

Kakao, der jetzt einen guten, immer steigenden Marktwert hat, verlangt Tiefland, schweren Waldboden, viel Feuchtigkeit, Wind- und Sonnenschutz. Grosse Gebiete werden für Kakao nicht vorhanden sein, aber manche Thäler in Nord-Handei, am oberen Luengera und am Kinuhui sind entschieden für Kakao geeignet.

Thee ist ebenfalls bis jetzt nur versuchsweise angebaut. Die Präparation ist recht mühsam, doch kann jetzt viel durch Maschinen-Arbeit ersetzt werden. Schwer ist die Konkurrenz mit Ceylon, Indien und Natal, schwer auch der Umstand, dass Preisschwankungen von Pfennigen eine ganze Anlage gefährden. Thee kommt vor der Hand für Handei nicht in Betracht. Vielleicht einmal für West-Usambara, da er Höhenklima verlangt.

Kleine, ganz befriedigende Versuche sind auf Nderema mit Kardamom gemacht.

Die Kokuspalme nimmt einen hervorragenden Rang ein, und enorme Flächen sind für ihre Kultur geeignet. Man pflanzt etwa 100 Palmen auf den ha und hat jetzt bei Tanga schon etwa über $1/3$ Million ausgesetzt. Man nimmt an, dass nach 7 Jahren, wo ein Ertrag eintritt, jede Pflanze mindestens eine Viertel Rupie, — wahrscheinlich mehr — Reingewinn giebt. Der Boden muss vor Anlage einer Pflanzung sehr sorgfältig untersucht werden, denn die sogenannte Palmenkrankheit bei Mwoa und Yassin (Gelbwerden der Blätter und Mangel an Wachstum) beruht meines Erachtens darauf, dass stagnierendes Grundwasser im Boden ist, was die Palme nicht verträgt. Ein kleiner Kapitalist wird am besten eine schon tragende Pflanzung von Arabern kaufen und sie all-

Abb. 4. Mauritius-Hanf (Foureroga gigantea) auf der Versuchsplantage Kurasini bei Dar-es-Salam.

mählich vergrössern, damit er schon im Anfang eine kleine Einnahme hat. Auf Mafia hat die Kokuskultur gute Aussicht.

Faserpflanzen. Die Kultur der Baumwolle wurde als zu teuer für den Weltmarkt aufgegeben. Die wildwachsende Sansiviera, die am Rufiyi, bei Masinde u. s. w. in enormen Mengen vorkommt, die man aber wegen zu langsamen Wachstums nicht anbauen kann, ist nur bei entwickelten Transportverhältnissen auszubeuten. Bei Kikogwe wird Sisal (Agave americana var. Sisalana) gepflanzt, von der das Pflanzenmaterial leider sehr schwer erhältlich ist. Die dortige Anlage vergrössert sich deshalb nur sehr langsam. Das Gouvernement hat bei Dar-es-Salam eine Pflanzung von Mauritius-Hanf (Fourcroya gigantea) versucht, wo jetzt ca. 115 000 Pflanzen in je 3 m Abstand stehen. Augenblicklich werden die Maschinen zur Gewinnung der Faser hinausgesandt, und es muss abgewartet werden, wieviel Fasern bei unserem Klima die Pflanze ergiebt, und wie lange wir sie ausbeuten können. Die Agave ist bei geringer Pflege mit dem schlechtesten Boden zufrieden. $2^{1}/_{2}$ Jahr nach der Aussaat der Brut-Knospen sind die Blätter zur Ernte reif, die 1,85 m lang und 2,2 Kilo schwer werden. Mit der Hand auf primitive Art ausgeklopfte Fasern sind in Hamburg mit 20 Pfennigen das Pfund bewertet. Ich hoffe, dass wir mit dieser Pflanze grosse Strecken minderwertigen Küstenlandes nutzbar machen können.

Vanille, zuerst von der französischen Mission eingeführt, ist dann von Herrn v. Saint Paul bei Tanga und von L. & O. Hansing auf der Plantage Kitopeni bei Bagamoyo gebaut. Das am letzteren Ort erzielte Produkt ist sehr gut ausgefallen, es wurde mit 45—66 Mark pro Kilo in Hamburg bezahlt, und wenn die dortige Anlage ihre Kosten auch noch nicht deckt, so kann sie es doch bei gleicher Entwickelung in kurzer Zeit thun, vorausgesetzt, dass die diesjährige Trockenzeit keinen Schaden thut. Einheimische Akazien werden als Schattenbäume genommen, als Stützen meistenteils Jatropha Curcas. Die Bodenfeuchtigkeit versucht man durch Anlegen von Bananen-Blättern an die Wurzeln zu halten. Auf leichtem sandigem Boden soll ein besseres Aroma als auf schwerem erzielt werden.

Die Tabakkultur wurde in Lewa zuerst versucht mit viel Aufwand von Geld und Mühe, leider ohne Erfolg. Der Boden — meist roter Laterit — ist offenbar ungeeignet. Neuerdings hat das Gouvernement versucht, in dem Alluvial-Lande des Rufiyi-Deltas bei Mohorro die Versuche durch Sumatra-Pflanzer wieder aufnehmen zu lassen. Es sind im Vorjahre 350 000 Pflanzen ausgesetzt, von denen leider durch abnorme Regenfälle die Hälfte zerstört wurde. Das Resultat war 110 Centner Taback, die nach dem Urteil von bremer Sachverständigen, die dafür 96 Pfennig pro Kilo zahlten, dieses Jahr noch nicht als Spezialmarke auf dem Markt kommen sollen. Die übermässige Feuchtigkeit hat die weissen Flecke, die sogenannten „Spickel", zu sehr vermehrt und wahrscheinlich die Brennbarkeit herabgesetzt. Der Tabak

Abb. 5. Tabak auf der Versuchspflanzung Mohorro.

ist aber leicht und aromatisch und zeigt ein dünnes, hellfarbenes Blatt. Die Sachverständigen empfahlen entschieden ein Fortsetzen der Versuche. Leider hat der Ausfall der Regen im November v. J. uns einen bösen Streich gespielt. Es waren 100 Felder à 6000 qm für etwa 1 000 000 Pflanzen vorbereitet, sodass dieses Mal der Hauptversuch ausnahmsweise in der grossen Regenzeit im April und Mai gemacht werden muss. Der beste Tabak wird uns jedoch nichts nützen, wenn er sich rechnerisch nicht bezahlt macht, und ob er das thun wird, kann nur die Zukunft lehren. Allem Anscheine nach bauen wir mit Negern und einigen Chinesen billiger als in Sumatra. Günstig wird die gute Verbindung der Pflanzung mit dem Meere durch die Kanäle des Flussdeltas und die Nähe des Bauholzes sein.

Zuckerrohr wird von den Arabern bei Pangani gebaut, und man will jetzt eine Fabrik zur Herstellung von Raffinade errichten, auch die Pflanzungen von Zuckerrohr erweitern.

Nächstdem sollen kleine Versuche und Studien über Reis, Opium, Jute und Ramie beginnen. Ich wollte, Private befassten sich damit, denn das Gouvernement hat nur sehr geringe Mittel im Verhältnis zu seinen Aufgaben hierfür zur Verfügung. Ausserdem hat überall das werbende Kapital mehr Erfolg als eine staatliche Unternehmung. Ganz können wir die Versuche des Gouvernements aber nicht entbehren, da ich hoffe, dass sie anregend wirken.

Die meisten oben erwähnten Kulturen bringen erst nach Jahren Erträge, günstiger sind hierin einjährige Pflanzen wie Reis und Opium, und wenn sich auch grosse Gesellschaften vielleicht hiermit nicht befassen werden, so hoffe ich doch, dass kleine Unternehmer es thun, eventuell indische und chinesische Ansiedler. Ich sollte aber denken, dass man die weiten, horizontalen Ebenen am Rufiyi durch Dampf-Pflüge mit einjährigen Kulturen bestellen könnte unter Benutzung der Erfahrungen moderner Landwirtschaft. Am Rufiyi wächst jetzt ein Reis erster Qualität, der höher als der indische bezahlt wird, und die Ostküste incl. Sansibar importiert jährlich für 2—2$\frac{1}{4}$ Million Rupie Reis aus Indien. Das Ueberschwemmungsgebiet im Flussdelta wird für Reis, Jute und Opium, das etwas höher und trockener gelegene Land für Tabak in Frage kommen.

Auf die zahllosen kleinen Akklimationsversuche des Gouvernements kann ich nicht näher eingehen. Vielleicht ist erwähnenswert, dass wir für Alleebäume an der Küste jetzt durchweg auf die in Aegypten ja so beliebte Albizzia Lebbek gekommen sind.

Die wirtschaftliche Entwickelung Deutsch-Ost-Afrikas.

Zur Untersuchung der Bodenverhältnisse in den Pflanzungsgebieten ist augenblicklich im Auftrage des Auswärtigen Amtes und einiger Privatgesellschaften Herr Prof. Wohltmann aus Bonn in der Kolonie. Er hatte vorher auf Grund von Analysen der ihm übersandten Bodenarten eine zum Teil ungünstige Ansicht gewonnen, die mit unseren praktischen Erfahrungen nicht recht übereinstimmte. Ich hoffe, dass er nach Untersuchungen an Ort und Stelle eine günstigere Meinung erhält, und dass er den Pflanzungsleitern noch manche Winke zukommen lässt.

Sehr zu bedauern ist, dass wir ausser zwei praktischen Pflanzern, die in Sumatra nur Tabak gebaut haben, keinen Beamten besitzen, der persönlich tropische Kultur in fremden Gegenden studiert hat. Aus Büchern kann man so etwas nicht so gut wie aus der Praxis lernen, und es wäre zu empfehlen, wenn jemand einmal nach Ceylon oder holländisch Indien gesandt würde.

Die Landwirtschaft der Eingeborenen hebt sich entschieden, was Quantität betrifft, besonders durch das Gefühl der Sicherheit, das unter deutscher Herrschaft entstanden ist. Auch die Heuschreckenplage fehlte in den letzten Jahren, wodurch mehr als früher angepflanzt wurde. Leider sind diese Tiere im Januar stellenweise wieder aufgetreten. Qualitativ bessert sich die Landwirtschaft trotz aller Bemühungen des Gouvernements noch nicht. Der Neger lässt nicht von seiner primitiven Hack-Kultur ohne Düngung, die eine fortwährende Wechselwirtschaft und dadurch das Abbrennen grosser Flächen bedingt. Das Gouvernement richtet sein Augenmerk darauf, den Anbau von Oelfrüchten und Reis zu unterstützen, ebenso möchte es auch die Nelkenkultur anregen, die wir billiger als in Sansibar betreiben können. Leider fehlt dem Gouvernement ein Meliorationsfond.

In allerneuester Zeit wird auch auf den Forstschutz geachtet. Bestimmte Gebiete des Urwaldes müssen von den Pflanzungen geschont werden. In Zukunft wird der Forst-Assessor die Plantagen wohl einmal im Jahr mit Bezug auf den Waldschutz bereisen. Nächstdem wird an eine forstmässige Ausbeutung des Mangroven-Waldes am Rufiyi herangegangen, dessen Schätze bei der jetzigen Abholzung durch die Eingeborenen in nicht sehr langer Zeit vernichtet sein würden. Das ganze, etwa 40 000 ha grosse Waldgebiet wird in drei Bezirke geteilt, in denen das Gouvernement den Einschlag übernimmt. Die Eingeborenen sollen dann nur bei den Stapelplätzen des Gouvernements kaufen. Da der grösste Teil der Küste, die Stadt Sansibar, das Somaliland, ja Süd-Arabien und der persische Golf das Mangroven-Holz des Rufiyi-Deltas zum Hausbau braucht, ist es wirtschaftlich sehr wichtig. Ein kleiner Teil des dortigen Waldes wird durch eine Privatgesellschaft (Simba-Uranga-Sägewerk) ausgebeutet, welche eine Sägemühle erbauen will und hofft, besonders Eisenbahnschwellen und Grubenholz zu liefern. Die Untersuchungen über die Verwertbarkeit der Mangroven-Rinde als Gerbstoff sind noch im Gange. Manche Arten enthalten bis zu 40 % Gerb- und Farbstoff.

Endlich will jetzt der Forst-Assessor, Herr v. Bruchhausen, den interessanten Versuch unternehmen, ein Stück Steppenwald vor den Feldbränden zu schützen, um seine Entwickelung zu beobachten. Für grössere Aufforstungen fehlen die Mittel, obgleich sie sehr wichtig wären. Wir suchen durch Verteilung von Saaten und dadurch etwas zu thun, dass auf besonders geeignete Stationen Oberjäger als Unteroffiziere kommandiert werden, die in ihrer freien Zeit Kulturarbeiten machen können. Teak-Holz, Eukalyptus und australische Gerber-Akazien kommen an fremden Hölzern zunächst in Frage. Vor Allem aber müssen die guten einheimischen Baumarten kultiviert werden.

Auf die Tierzucht kann ich nur ganz kurz eingehen. Das Gouvernement hat zwei Depots von Rindern zur Beobachtung. Für die Hochländer müssen wir versuchen, die afrikanische Rinder-Rasse, die sehr wenig wenn auch fettreiche Milch giebt, mit holländischem Vieh zu kreuzen, was in Südafrika gute Resultate gab. Angora-

Ziegen haben wir dort schon eingeführt, sie halten sich recht gut. In Dar-es-Salam und West-Usambara werden Versuche gemacht, im Grossen aus dem einheimischen grauen Esel und der edlen weissen Maskat-Vairität eine gute Kreuzung zu erzielen, womit die Araber seit langem Erfolg haben. Die Zucht von Maultieren ist wegen des erforderlichen Materials an Pferdestuten zu schwierig, besonders da wir einstweilen noch billig Maultiere aus Aden beziehen können. Am Kilimandjaro ist die Kilimandjaro-Straussenzucht-Gesellschaft dabei, Zuchtversuche mit Straussen und Zähmung von Zebras zu unternehmen. Mit einer rationell betriebenen Straussenzucht ist vielleicht ein Resultat zu erzielen, die Zebrazähmung im grossen ist ein neuer Versuch, dessen Ergebnis abgewartet werden muss.

Eng verbunden mit der Tierzucht sind die Fahrversuche und der Wegebau. Bekanntlich geschehen jetzt die ganzen Transporte im Innern auf Negerköpfen. Schon aus wirtschaftlichen Gründen müssen wir versuchen, die grosse Menschenkraft der Karawanen für die Pflanzungen auszunutzen. Die Versuche, Esel zum Tragen der Lasten zu verwenden, sind sehr alt, man gab sie aber immer wieder auf, weil die Tiere zu langsam gehen. Ich glaube, dass sie gute Verwendung finden können auf Transporten, bei denen es auf Zeit nicht ankommt, und die von keinem nervösen Europäer geführt werden. Griechische Kaufleute wenden sie schon jetzt zum Transport nach dem Kilimandjaro an. Mit verschiedenen Modellen von Wagen und mit Ochsen, Maultieren und Eseln sind die Versuche im Gange. Herr Major von Natzmer, der sich sehr um diese Versuche verdient machte, ist schon von Dar-es-Salam bis Kilossa mit einem Wagen gefahren. Ueberall zwischen den Stationen sind Wege durchgeschlagen bis zu den grossen Seen, allerdings noch in sehr primitiver Weise, aber bescheidenem Bedürfniss genügend. Die Truppe hilft besonders bei dem Wegebau, aber für besseren Ausbau fehlen die Mittel. Nur bei Dar-es-Salam ist eine etwa 20 km lange Strasse gebaut. Ferner haben die

Plantagen in Usambara für ihren eigenen Bedarf sehr hübsche Wege hergestellt. (Abb. 1.) Man geht von einer Pflanzung zur andern auf prachtvollen Waldpfaden. Ein sehr schöner Weg von etwa 30 km Länge verbindet ferner die 1600 m hoch gelegene Kulturstation Kwai mit der Ebene. Die ganze Strecke musste in den Bergabhang eingeschnitten werden. Der Weg ist vom Landwirt Eick mit Hülfe der Station Masinde erbaut mit grossem Geschick, ohne dass das Gouvernement Unkosten dabei hatte, indem die Eingeborenen, anstatt Steuern zu zahlen, zu den Arbeiten herangezogen wurden. Es sind nur noch einige Sprengungen und der schwierige letzte Abstieg zu machen, um den ganzen Weg für Saumtiere und bald auch für Fuhrwerk gangbar zu machen. Erhöhten Wert bekommt diese Strasse erst, wenn die Verbindung mit der Bahn hergestellt ist.

Zum Schluss komme ich auf die Ansiedelungsfrage, die doch einmal in Angriff genommen werden muss. Besonders durch den Bericht des Herrn Gouverneur Liebert hat in letzter Zeit sich die Oeffentlichkeit damit beschäftigt. Schon seit Jahren ist das Gouvernement mit den Vorarbeiten beschäftigt, und seit Juni 1896 ist in Kwai im Hochlande von West-Usambara eine landwirtschaftliche Versuchsstation unter Leitung des Landwirths Eick thätig. Ich war erstaunt, als ich zuerst das Land dort besuchte und die schönste Gegend fand, die ich auf allen meinen Reisen sah. Nach steilem Anstieg überschreitet man einen Pass und befindet sich plötzlich in vollständig anderer Vegetation, die vielmehr einen europäischen als afrikanischen Eindruck macht. In den Thälern und sanften Hängen, die durch einzelne Bergrücken getrennt sind, wechseln Wiesen aus ganz kurzer Grasnarbe ab mit kleinen Gehölzen, in denen andere Baumarten als im Urwald von Handei stehen. (Abb. 6.) Geht man weiter in das fast unbewohnte sogenannte Schummeland, so kommt man in ganze Wälder aus riesigen Wacholderbäumen, deren Harzgeruch, Aussehen und Behänge mit Flechten an unseren heimischen Nadelbäume erinnern.

Es sind die nötigen Bauten ganz in europäischer Weise und fast nur nur mit Material hergestellt, das an Ort und Stelle gewonnen ist. Neuerdings wird mit gebrannten Ziegeln gebaut. Nur für die Dächer ist europäisches Wellblech verwandt. Die Arbeiter sind in einem Dorf mit geraden Strassen untergebracht. Ein Stück Land ist sorgsam urbar gemacht und gepflügt, und auf ihm sind Versuchsfelder mit

Abb. 6. Waldwiese im Schumme-Lande. (West-Usambara.)

allen Früchten der europäischen Landwirtschaft angelegt. Es berührt ganz eigenartig, wenn man dort im Innern gelbe Weizenfelder mit hängenden Aehren, ein blaugrünes Haferfeld oder ein abgeerntetes Stoppelfeld mit reihenweis aufgesetzten Garben sieht. In diesem Klima, das einen ewigen europäischen Frühling hat, wo die äussersten Temperaturgrenzen zwischen 5 und 21° R. schwanken, wo die Durchschnittstemperatur des Jahres 14° R. ist, wo auf den Thalsohlen manchmal Reif beobachtet wird und wo es keinen regenfreien Monat giebt, gedeiht alles, was in der Heimat fortkommt und zwar ebenso reichlich, nur mit dem Unterschiede, dass man mindestens 2 mal im Jahre von einem Feld ernten kann.

Einige besondere Ergebnisse mit europäischen Kulturen seien hier erwähnt:

Weizen. Geerntet pro Morgen 600 kg, während in Deutschland 250—750 kg auf dem Morgen wachsen.

Erbsen. Geerntet 700 kg pro Morgen, in Deutschland 250—500 kg.

Gerste. Geerntet 700 kg pro Morgen, in Deutschland 350—600 kg.

Hafer (Probsteier). Geerntet 750 kg pro Morgen, in Deutschland 400—750 kg.

Kartoffeln (schlechte indische Saat). Geerntet 3600 kg pro Morgen, in Deutschland 2500—6000 kg.

Buchweizen. Geerntet 500 kg pro Morgen.

Gedüngt ist bis jetzt noch nicht, vielmehr sind diese Resultate zum Teil auf Boden erzielt, wo die Eingeborenen bisher schon Mais gepflanzt hatten. Jetzt mit eingerichteter Vieh-Wirtschaft wird auch gedüngt. Ich habe oben zum Vergleich die Resultate auf deutschem Boden beigefügt, und man sieht, dass die in Kwai erzielten nicht dagegen zurückstehen.

Eine kleine Meierei mit Separator ist in der Einrichtung begriffen. Gemüse aller Art wachsen auf der Station in vorzüglicher Qualität. Wenn man die enorm grossen Kohlköpfe abschneidet, wachsen aus dem Stamm 2—3 noch ganz ansehnliche heraus. Auch Seleri, Artischocken, alle Arten von Rüben, kurz, jedes Gemüse kommt dort fort. Sehr interessant ist das Ergebnis mit Eckendorffer Futterrüben, die in Deutschland etwa 8—12 Pfd. schwer werden, während in Kwai ohne Düngung 30—40 Pfd. schwere ganz gewöhnlich waren. Es ist hier nicht der Ort, um über alle die zahlreichen Kulturversuche zu berichten. Es sind dort mehr als 1000 verschiedene Sämereien ausgesäet.

Die Versuche mit Thee, China-Rinde, Kaffee u. s. w. sind noch im Gange. Ehe diese nicht abgeschlossen sind, können wir uns kein endgültiges Urteil gestatten. Es schien zuerst, dass die jungen Kaffeepflanzen unter dem kalten Klima litten, doch haben sie sich später gut erholt. Erwähnenswert ist noch, das Wein und europäische Obstbäume während der kalten Zeit im Juni und Juli ihre Blätter abwarfen, was für deren Gedeihen sehr wichtig ist.

Die ganze Anlage macht den Eindruck eines europäischen Gutshofes, der sich mitten in der Wildnis sehr gut ausnimmt.

Ich schätze das Gebiet, das in West-Umsambara zur Besiedelung in Frage kommt auf 20—30 000 ha. Viel davon ist mit Juniperus (Wacholder) bestanden, dessen der Ceder sehr ähnliches Holz für Fabrikation von Zigarrenkisten und Bleistiften recht wertvoll ist.

Nach allen vorliegenden Versuchen kann es keinem Zweifel unterliegen, dass der deutsche Ansiedler in West-Usambara alles das pflanzen kann, was er von der Heimat gewöhnt ist. Ob er dort sein Auskommen findet, hängt, abgesehen von seinem Fleiss und seiner Geschicklichkeit, vor allem davon ab, wie die Verbindung mit der Küste hergestellt wird. Ohne Bahn bis Mombo oder wenigstens bis Korogwe ist es unmöglich, denn erstens kann der Ansiedler nur mit Hilfe der Bahn seine Produkte zur Küste befördern, dann aber muss er bei seinem ersten Hinaufmarsch die Malariagebiete am Gebirgsfluss schnellstens durcheilen, wenn er nicht in der ersten Zeit seiner Anwesenheit im Hochlande, wo er seine Kraft besonders nötig hat, durch fortwährende Fieberanfälle arbeitsunfähig sein soll.

Ferner spielt die Absatzmöglichkeit eine grosse Rolle. Für die Produkte der deutschen Landwirtschaft können in Frage kommen das Plantagengebiet, die Küste von Deutsch-Ostafrika und Sansibar, vielleicht auch Mosambik und Mombassa, dann auch die Dampfer der Deutschen Ostafrikalinie, von denen allein die in Tanga anlaufenden jährlich etwa für ¼ Millionen Mark Gemüse und Fleisch nehmen würden. Aber dieses Absatzgebiet kann meines Erachtens nur eine geringe Zahl von Ansiedlern beschäftigen. Man wird bald zu einem combinirten Wirtschaftssystem kommen. Der Bauer wird seine eigenen Bedürfnisse und vielleicht etwas darüber hinaus in der europäischen Landwirtschaft bauen. Im Uebrigen aber einige 1000 Kaffeebäume oder Aehnliches pflanzen, worüber die Versuche noch nicht abgeschlossen sind. Er muss suchen, auch Schlachtvieh, Wein, Früchte u. s. w. zu verwerten.

Arbeiter sind an Ort und Stelle nicht ansässig. Die wenigen Hirten der Wapare und Wambugu arbeiten nicht, und fremde Leute leiden zuerst sehr unter der Kälte. Trotzdem ist es uns gelungen, durch richtige Unterkunft und Gewährung warmer Kleider eine ständige Arbeiterschaar heranzuschaffen, was dem geschickten Ansiedler auch glücken wird. Wir zahlen 10 Rupie pro Monat und geben den Leuten kein Verpflegungsgeld.

Da der Ansiedler 4—6 Monate lang seine Wirtschaft einrichten und auf den Ertrag der ersten Ernte warten muss, da er ausserdem Leute besolden und sich und seine Familie ernähren soll, so wird ein Mann ohne Kapital dort nicht alleine fortkommen, und ich glaube, dass Leute mit weniger als M. 10000 selbständig nicht anfangen dürfen, auch wenn das Gouvernement ihnen den Kaufpreis des Landes, Saatkorn, Vieh u. s. w. als erste Hypothek auf ihr Land geben wird. Ob jemand besser mit kleinem Kapital auf einem deutschen Rentengut oder in West-Usambara leben kann, ist noch schwer zu sagen.

Gold wird dort niemand auf der Strasse finden, aber sehr fleissige und tüchtige Leute werden vielleicht etwas besser als in der Heimat leben können und unabhängiger sein. Es werden also 100—200 Familien mit je 100 ha Land in West-Usambara ihr Unterkommen finden, aber die ersten 5—6 Familien, die vielleicht durch eine gemeinnützige Gesellschaft oder durch die Regierung als erster Versuch hinaufzusenden wären, müssen sehr sorgsam ausgesucht werden, damit bei ihrer Ansiedelung eine möglichst gute Aussicht auf Gelingen des Unternehmens vorhanden ist. Besonders bei den ersten, aber auch später, wird es ohne Unterstützung des Gouvernements nicht gehen. Wir müssen deshalb mit der Zeit eine Art von Meliorationsfonds haben, um den Leuten Vorschuss an Land, Geräten, Vieh u. a. geben und als erste Hypothek auf ihr Land eintragen zu können.

Das Klima des Hochlandes, besonders die Frage nach der Malaria-Freiheit wird augenblicklich von Prof. Koch untersucht. Ich glaube, dass die Hochländer völlig malariafrei sind, doch kommt natürlich eine in der Tiefebene erworbene Malaria-Erkrankung auch oben zum Ausbruch, und zwar in nicht leichterer Form als in der Ebene.

Wie sich nationalökonomisch die Rentabilität der Besiedelung stellt, kann noch garnicht übersehen werden, denn dabei müssten auch die Anlagekosten von Eisenbahn und Wegen sowie der Kulturstation in Rechnung gezogen werden.

Ueber die Zeit der Besiedelungen lässt sich noch schwer eine Angabe machen. Es kommt alles auf Vollendung der Eisenbahn an. Einige Leute mit Kapital könnten schon jetzt sich dort niederlassen und würden an der Kulturstation besten Anhalt finden. Das Land ist schön und gesund, aber der Weg dorthin, wenn auch nur 4—6 kleine Märsche von der Bahnstation Muhesa entfernt, ungesund. Arbeiten kann ein Europäer auf dem Hoch-Plateau ebenso wie bei uns im Juni, nur muss er sich sehr gegen Erkältung bei der nächtlichen Abkühlung schützen. Leben und arbeiten kann jemand dort. Geld zu erübrigen ist wie überall sehr schwer und hängt von der Geschicklichkeit des Einzelnen ab. Hoffentlich wird Herr Eick nach seiner Rückkehr noch ausführlich über Kwai berichten.

Bekanntlich sind grosse Kolonien von deutschen kleinen Ansiedlern bei Natal in New-Germany, bei East-London und Port Elizabeth vorhanden. Die Kap-Regierung hat nach dem Krimkriege viele Deutsche dort augesiedelt und jeden 5—20 Acre gegeben. Die Leute bauen Gemüse, Kartoffeln u. s. w. für den Bedarf in den Städten und sind bei grossem Fleiss zu verhältnismässigem Wohlstand gekommen. Ihnen ist es zu danken, dass in East-London Fabrikbetriebe wie Gerberei und Seifenfabrik aufkommen konnten, da die Lebensmittel für die Arbeiter billig durch die Landbauer beschafft werden können. Haben wir erst die Bahn, so können wir auf viel günstigerem Boden ebenso blühende Kolonien in West-Usambara schaffen.

Wenn aber West-Usambara, wo wir wegen der günstigen Lage und der vorhandenen Vorarbeiten beginnen müssen, sich für die Besiedelung eignet, so thun es auch die weiten Hochländer von Uhehe, auf die Herr Gouverneur Liebert kürzlich hingewiesen hat. Für die Entwickelung von Uhehe kommt erst recht eine gute Verbindung mit der Küste in Frage, denn es ist etwa 5 mal so weit wie West-Usambara von der Küste entfernt. Glücklicherweise haben wir die Wasserstrasse des Rufiyi, die weit ins Land führt, und für die ein Dampfer schon jetzt hinausgeschafft ist. Wenn man auf ihm bis zu den Pangani-Fällen gelangt ist, kann man nach Umgehung derselben durch Wege oder Feldbahn einen anderen Dampfer auf dem Ulanga bis an den Bergfuss benutzen. Aber die Flussfahrt ist ungesund, und die vielfache Umladung der Güter verteuert alles sehr. Ausserdem ist die Verbindung recht langsam. Wenn also wirklich dort eine Besiedelung in grösserem Masse vorgenommen werden soll, und es sind schätzungsweise eine Million ha dafür zur Verfügung, so wird es ohne eine Eisenbahn von Dar-es-Salam aus nicht gehen.

Das Gouvernement hat durch die Station Iringa, der ein Förster zugeteilt ist, schon Kulturversuche machen lassen, und gerade jetzt ist die Anlage einer regelrechten Versuchsstation nach Art von Kwai in die Wege geleitet. Hoffentlich erleben wir es, dass auch dort deutsche Ansiedler unterkommen.

Die wirtschaftliche Entwickelung Deutsch-Ost-Afrikas.

Selbstverständlich kann es sich niemals um eine grosse Massen-Auswanderung handeln, die den deutschen Auswandererstrom ganz aufnehmen kann. Aber eine gewisse Menge von deutscher Arbeitskraft kann dem Vaterlande hier erhalten bleiben.

Wenn ich nun zum Schluss noch einmal Alles zusammenfasse, so liegt meines Erachtens die Zukunft des Landes in den Plantagen, die sehen müssen ihren Betrieb möglichst billig zu stellen. Kaffee, Copra, Faserstoffe und vielleicht auch Tabak können sie liefern; ferner in der Entwickelung des Handels, die natürlich mit der Ausbildung von Plantagen Hand in Hand geht, und der durch Einführung von Besteuerung der Eingeborenen gehoben werden kann. Dann kommt die Besiedelung in Frage, die von der Errichtung der Eisenbahn abhängig ist und endlich die Auffindung von wertvollen Mineralien.

Wenn ich meine persönliche Meinung noch anführen darf, so glaube ich, dass wir eine wirtschaftliche Sanierung nötig haben dadurch, dass sämtliche Regale der Deutsch-Ostafrikanischen Gesellschaft durch das Reich abgelöst werden, und dass dasselbe auch die Usambara-Eisenbahn mit allen ihren Rechten erwirbt und bis Mombo weiter baut. Nur so kann freie Konkurrenz in der Plantagenfrage eintreten. Wünschenswert ist auch, dass einzelne Gesellschaften nicht Landansprüche machen, die ins Masslose gehen und dass sie daran denken, dass zur Kultivierung von 500 ha Kaffeelandes fast 1000000 M. nötig ist. Durch grosse Land-Monopole wird die Entwickelung gehemmt.

In allen Kolonien der Erde, in Indien, Brasilien u. s. w. hat die Geschichte bewiesen, dass die Vereinigung grosser Ländereien und Monopole in derselben Hand die Entwickelung des Landes völlig hemmte. Wir müssen uns vor denselben Fehlern hüten, müssen aber auch daran denken, dass eine möglichst „leichte Hand" der Regierung die Entwickelung des Landes in jeder Hinsicht erleichtert

Dr. Stuhlmann.

Kolonien zu erwerben soll für uns nicht eine Machterweiterung sein, sondern eine Kultur-Ausdehnung, und zur Erreichung dieser ist guter Wille und Enthusiasmus nicht genügend, sondern wir gebrauchen die Praxis des erfahrenen, nüchtern berechnenden Kaufmanns und Pflanzers sowie die Arbeit des egoistischen, werbenden Kapitals ebenso sehr, wie die idealen Bestrebungen.

Nachschrift.

Der Vortrag erscheint hier in etwas mehr erweiterter Form als er am 23. März gehalten ist. Ich benutze die Gelegenheit um meinem Freunde, dem Kaufmann Justus Strandes, einem der besten Kenner ostafrikanischer Verhältnisse, meinen besten Dank auszusprechen für viele geschichtliche und kaufmännische Angaben, die oben verwertet sind.
                                                    Dr. Stuhlmann.